すべては爪から始まる——

素の爪の美しさは、清潔感や上品さを表現します。
飾らない姿勢は、
大人の余裕や自然体な生き方を感じさせます。
そして、素の爪を育てる時間が、
あなた本来の魅力を輝かせていきます。

今、爪に自信がない人も大丈夫です。
爪は、何歳からでも確実に変わります。

「髪は長い友」と言いますが、
「爪は一生の友」です。
だから、爪が変われば、人生が変わるのです。

さあ、あなたもここから始めてみませんか？

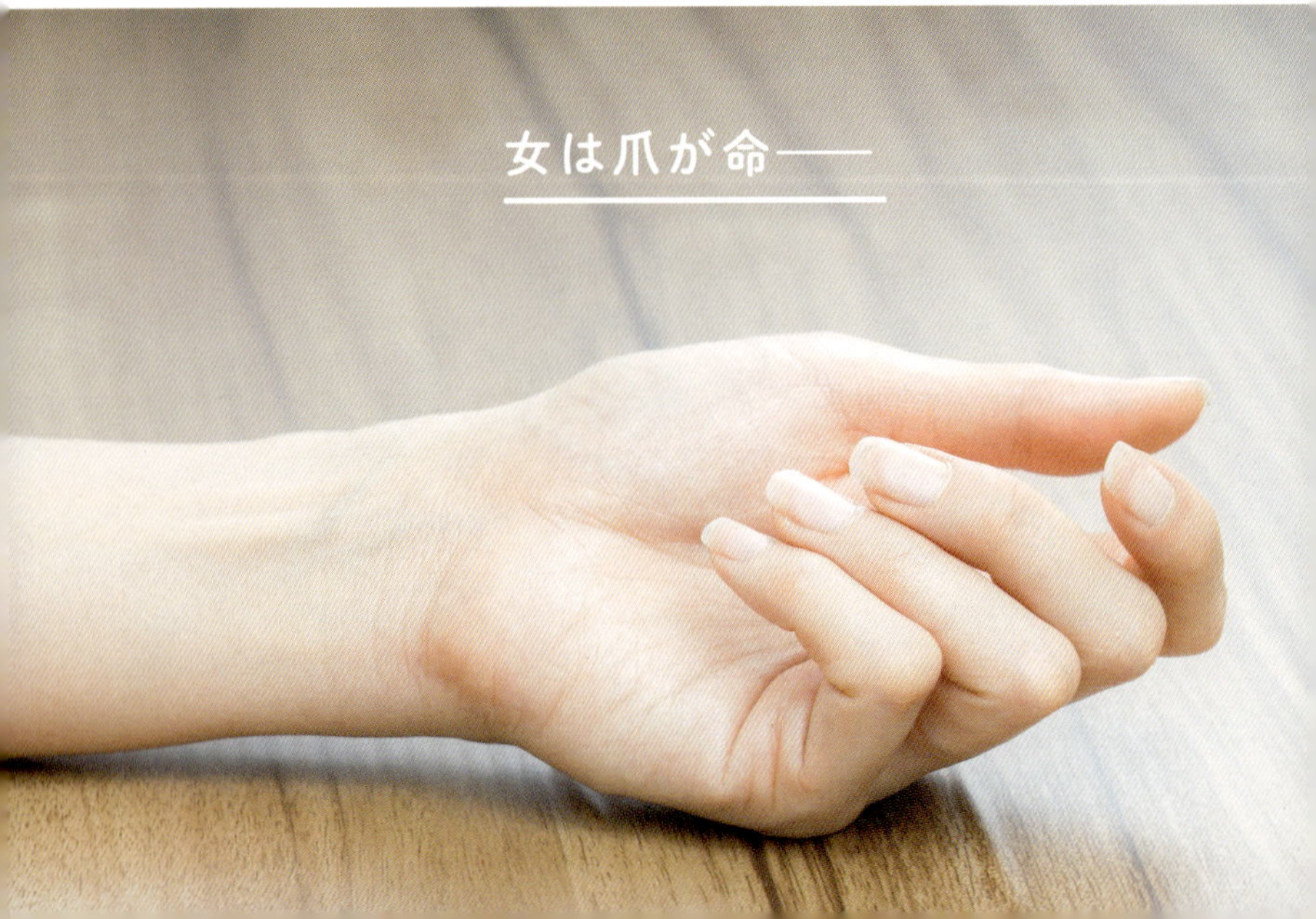

「美しい爪」の条件とは？

爪と爪周りの皮膚が潤っている

最初に目指すのは、爪と爪周りが潤った状態。オイルを一度塗って、爪と手をもみながら行き渡らせるだけで、爪だけでなく手全体がみずみずしくなります。指先の血行も良くなり、ピンク部分が鮮やかな桜色になります。

ピンク部分が指の先端まであり立体的

ピンク部分とは爪と指が密着した部分。指先の丸みに沿ってピンク部分が左右両端にまで広がっていくと、爪が指の側面にまで回り込んで立体的な形に変わっていきます。ピンク部分が長くなることで、爪の形は変わります。

爪に弾力がある

爪は乾燥していると欠けやすくなります。水を混ぜて乳化させたオイルを１日に何度も塗っていくと、油分と水分を含んで弾力のある状態が保たれ、衝撃に強く丈夫になります。欠けづらくなるので爪を伸ばせるようになります。

爪先が緩やかな楕円形のカーブ

爪先を緩やかな楕円形のカーブを描く「アークスクエア」に整えると、短く平たい爪でも、錯視効果で立体的な美しい形に見えます。爪先が何かに当たっても滑って衝撃を受け流し、爪がダメージを受けづらくなります。

爪先が透明

最終的に目指すのは、爪先が透明なクリアネイル。１日に７回以上、水を混ぜて乳化させたオイルで保湿すると、２～３ヵ月で透明になっていきます。透明度の高い爪は、クリスタルのような輝きを放ちます。

編集部で体験！

たった2ヵ月で美爪に！

1

短い爪も縦長に！

（20代）

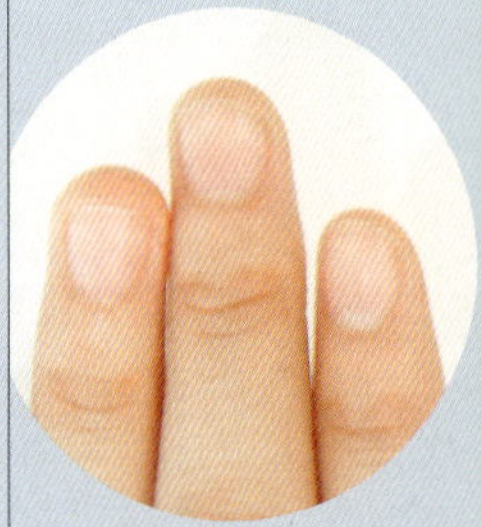

BEFORE

↓

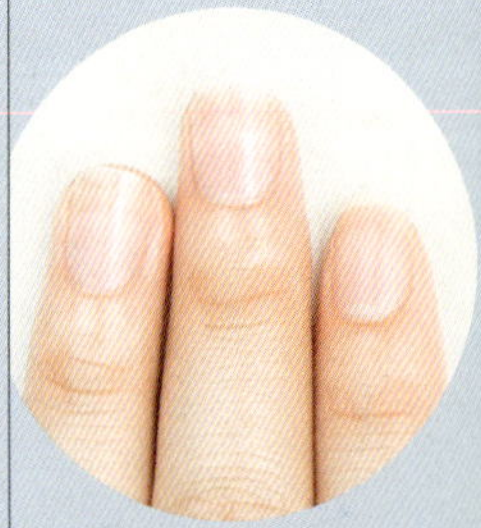

AFTER

短かった爪もキレイな縦長に。爪の形が変わると思っていなかったので大喜び。さらに爪を育てるモチベーションが高まりました。

2

不揃いな爪も整う！

（30代）

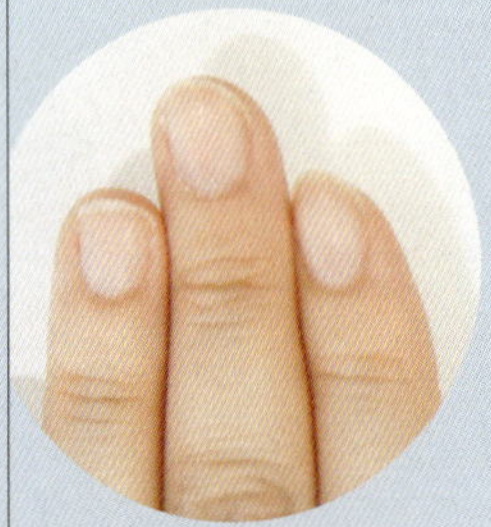

BEFORE

↓

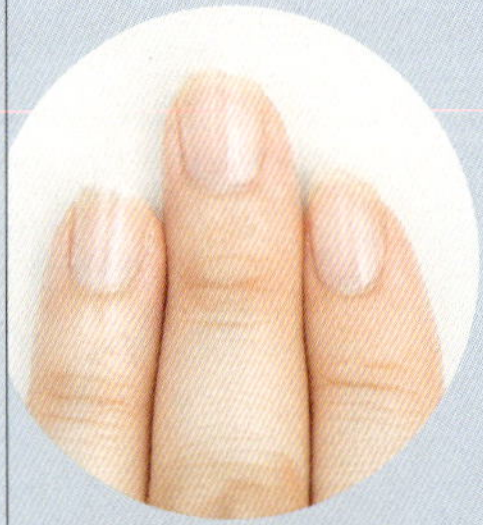

AFTER

三角の爪、短い爪……不揃いな爪もきれいに整った爪に！　サイドを切りすぎて強度不足だった爪も弾力のある丈夫な爪になりました。

3

扇型の爪も細長に！

（40代）

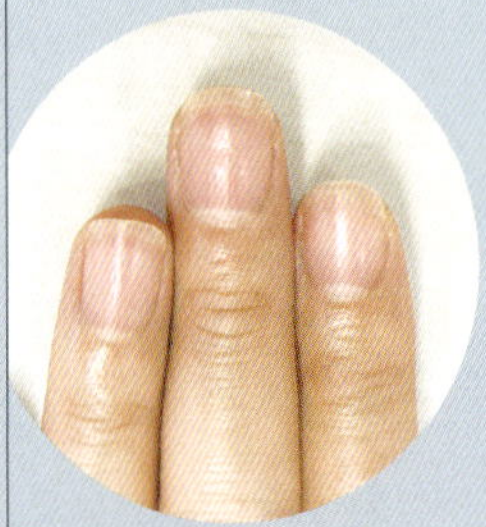

BEFORE

↓

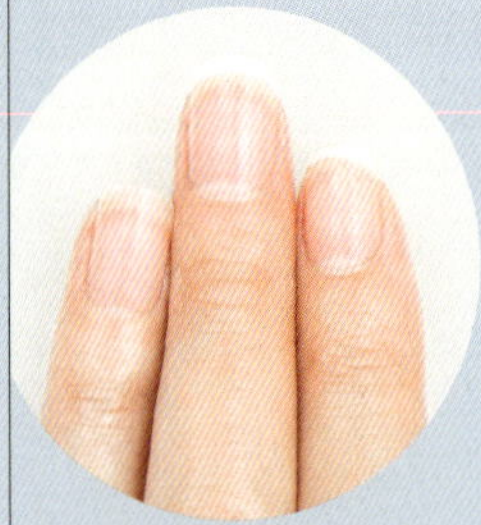

AFTER

ゴミが入ると思って伸ばせなかった爪も、育爪でキレイな細長の立体的な爪に！爪の先も透明になりました。

嶋田美津恵
育爪スタイリスト

女は爪で美人になる

ネイルしない、磨かない、ムリしないでキレイになる

Prologue

女の運命は爪で変わる

爪はあなたの心を映し出す鏡

あなたに質問があります。

毎日の生活の中で、一番多く目にする自分の体のパーツはどこですか？　髪でしょうか？　顔でしょうか？　それとも目でしょうか？

実は、あなたが意識している、していないに関わらず、一番多く目にするのは手です。髪や顔を見るためには、鏡を見る必要があります。でも、ごはんを食べるとき、お菓子をつまむとき、飲み物を飲むとき、ペンをもつとき、スマホを使うとき、キーボードを打つとき、本を読むとき……手は鏡がなくても常に視界に入ります。見ているという意識がなくても、網膜には映り込んでいます。その、1日にもっとも多く目にする手の印象を決定づけるのは、実は、手の指の先端にある「爪」なのです。

爪がある指先は神経が集中していて、何かに触れたりもったりしたときに、わずかな違いを敏感に感じ取ることできます。熱い、冷たい、硬い、柔らかい、ザラザラ、ツルツル……。指先にそんな感覚を感じたときに、視線は自然とその対象物に向きます。そのとき、必ず「爪」が目に映ります。

もし、その爪がつやつやでキレイだったら、どんな気分になるでしょうか？

1日に何度も「キレイな爪」を目にしたら、きっと気分が良くなると思います。

潜在意識は主語を認識できないと言われています。だから、キレイな物を見て「キレイだなぁ」と感じれば感じるほど、自分のことを「キレイ」だと認識するようになります。

キレイな爪は、あなたのセルフイメージを「キレイ」に変えてくれるのです。

一方で、もしあなたが今、爪に何らかの不満を感じていたら、それは爪からあなたへのメッセージです。爪はあなたの状態をダイレクトに反映します。

忙しすぎて余裕がなくなっていないでしょうか？　悩みごとで頭が埋め尽くされていないでしょうか？　不安で気分が落ち込んではいないでしょうか？

爪はあなたの心を映し出す鏡です。爪に不満があれば不満を感じるようなことが起こります。でも安心してください。爪がキレイになって気分がウキウキすれば、ウキウキすることが起こるようになります。

ネイルをゼロにしたら、トラブルがゼロになった

私は1993年に大阪の梅田で「つけ爪なしで爪の形が変わる」ネイルサロンを開業しました。スカルプチュアやジェルネイルなどの人工爪は一切使わず、手足のすっぴん爪をお手入れする「ケア」と、自爪にベースコート・ネイルカラー・トップコートなどのネイルを塗る「カラー」が2大メニューでした。

当時のお客さまの90パーセントは「ケア」と「カラー」の両方、10パーセントはネイルができない飲食業・医療関係者などのお客さまで「ケア」のみでした。

10年経った2003年のことです。私は、ネイル材料に含まれていたトルエンによる中毒が原因で、化学物質過敏症と診断されました。有機溶剤を含むネイル材料はもちろん、化粧品、香料、洗剤などの日用の消耗品も含め、あらゆる化学物質が、私にとっては呼吸障害や意識障害を引き起こすほどの危険物になりました。

体も心もボロボロになり、大好きだった「カラー」をやめるしか道はなく、やむなくすっぴん爪をお手入れする「ケア」だけを提供することにしました。

すると驚いたことが起きました。今までどうやっても解決できなかった、爪の縦すじ、黄ばみ、爪先がボロボロはがれる二枚爪など、**爪のあらゆる問題が、ものの数ヵ月ですべて消えてなくなってしまったのです。**

そして、さらにすごいことに気づきました。

それまでの私は、「爪はそのままでは弱くて欠けやすいんです。だから、ネイルカラーを塗らないとしても、爪を保護するために透明なベースコートだけは必ず塗ってくださいね」とお客さまにお願いしていました。

10年以上、お客さまにそう言い続け、私自身、信じて疑わず、ベースコート、ネイルカラー、トップコートなどのネイルを休むことなく塗り続けていました。

ところが、ネイルの施術をゼロにしたら、爪の問題がなくなるどころか、どんどん自分とお客さまのすっぴん爪が健康でキレイになっていきました。塗る→傷む→塗って隠す→さらに傷む……という際限のない悪循環がなくなったことで、問題が根本から解決したのです。ケアする→健康でキレイになる→嬉しくてさらにケアする→ますます健康でキレイになる……という好循環に180度変わっていきました。

ネイルをゼロにしたら矛盾も罪悪感もなくなり、ストレスもゼロになりました。

あなたの爪も必ず変わります

私のサロンを訪れるお客さまの多くが、「私の爪の形、生まれつき変なんですよ」と言います。そう言うみなさんのほとんどが、爪を短く切っています。そして、「家族もみな同じような爪をしているので遺伝なんです」とあきらめています。

でも、あきらめないでください。安心してください。**今、あなたの爪がどのような状態だったとしても、今から爪は変えられます。**

爪を噛んでいても、爪を短く切った深爪でも、爪先が傷んで二枚爪になっていても、爪が欠けて伸ばせなくても、縦すじがひどくても、横すじがひどくても、凹凸《おうとつ》がひどくても、薄くて弱い爪でも、小さな爪でも大丈夫です。キレイなピンク色をした立体的で健康な爪を手に入れることができます。

これまで26年間で1万人以上の爪を見てきました。2003年に業態転換してネイルを一切やめてからは、すっぴんの爪だけを16年以上、見続けてきています。

お客さまのカルテを調べたところ、私のサロンでは**150人以上のすっぴんの爪の追跡**

調査を、2週間～ひと月に一度の頻度で10年以上続けていることがわかりました。これだけのデータベースをもっているのは、ネイリストにも医師にもいないかもしれません。そんな私が、断言します。あなたが今の爪をつくり出している思い込みを変えれば、理想の爪を手に入れることができます。そのステップはこうです。

1. キレイな形の理想の爪の写真を眺める

2. 自分の爪が理想の爪になっている状態をイメージする

3. 爪を育てる3つの習慣を実践する

4. 1に戻って繰り返す

思い込みが変われば、自然と習慣が変わります。習慣が変われば自然と爪が変わります。あなたが初めにすることは、巻頭ページの爪の写真を眺めながら「もしかしたらこんな素敵な爪になっちゃうかも」とニヤニヤしながら想像することです。

思い込みが変わると、爪が変わります。爪が変わると自信が生まれ、行動が変わります。行動が変わると人生が変わります。さあ、爪を育てて、人生を変えましょう。

Contents

第1章 美爪になりたかったら、ネイルをやめなさい

第2章 あなたの爪をダメにする「お手入れのウソ」

第3章

美爪は誰でもつくれる

第4章

爪が変われば運命が変わる

Contents

Contents

第1章

美爪になりたかったら、ネイルをやめなさい

THE RULE OF IKUZUME

01

ネイルをする人ほど爪がボロボロという事実

あなたは今、ネイルをしていますか？

本書で言うネイルとは、つけ爪やジェルネイル、ネイルカラー、ベースコートやトップコート（または、その他の透明なコーティング剤）のことです。

あなたは、「長年ネイルサロンに通っている」「ジェルネイルをやり続けている」かもしれません。あるいは、「最近、爪の状態が悪くネイルサロンに行く頻度が少なくなった」「年齢とともに爪が弱くなった気がしてネイルができなくなった」と感じているかもしれません。ここで1つ衝撃の事実をお伝えします。

実は、ネイルをすればするほど爪がボロボロになってしまうのです。

爪をプラスチックで覆うから爪が傷む

私が運営する育爪《いくづめ》サロンには、ジェルネイルの影響で爪がボロボロになったり、ネイルカラーや透明なコート剤の影響で二枚爪になった人が数多く来店します。そして、その数は年々増えています。なぜ、ネイルをすると爪がボロボロになるのでしょうか。

それは、「爪をプラスチックで覆ってしまうから」です。

爪は、「硬ケラチン」という線維状のたんぱく質でできています。私は以前「爪は死んでいて呼吸もしていない。だから何をやってもいい」と思っていました。でも、大きな間違いでした。なぜならば、爪は死んだ細胞であっても、**爪の下の皮膚は生きている**からです。

私たちの体は、「不感蒸発」と言って汗をかかなくても、日常的に全身の皮膚から水分が蒸発しています。**爪の表面からは、ほかの皮膚の2~3倍もの水分が蒸発している**のです。ジェルネイルやネイルカラー、コート剤などを爪に塗ると、主成分の合成樹脂とよばれるプラスチックが固まって、硬い被膜ができます。この被膜によって、水分の蒸発がさまたげられてしまいます。そして、これが爪に悪影響を与えるようなのです。

THE RULE OF IKUZUME

02

爪を飾り続けたら、病気になった

私のサロンは、今でこそすっぴんの爪専門のサロンですが、開業から10年間はネイルカラーで爪を飾るサービスも提供していました。

当時の私は、爪にネイルカラーを均一に塗る、繊細で難しい作業が大好きでした。

ところが、開業から10年後の２００３年ごろから、体に異変が起こり始めました。それまで使っていた化粧品でメイクをするとヒリヒリしたり、普段食べていた食べ物で体調を崩したり、それまで何ともなかった化学繊維の服を着ると息苦しく感じたりしました。

何かがおかしい。いろいろな病院に行き、精密検査をしても、原因はわからずじまい。

症状はどんどん悪化して、頭痛や目まい、高熱が半年間以上続きました。

施術部屋に入ると呼吸できないほどの息苦しさを感じるため、防毒マスクをかぶって施術していました。

事態を把握した住宅メーカーに勤めるお客さまが、「今すぐ北里研究所病院のアレルギー科（2019年末に終了）を受診してください」と教えてくれました。

ネイルカラーでトルエン中毒になっていた

診察と精密検査を受けると、「化学物質過敏症」と診断されました。微量の化学物質にも体が反応して健康が損なわれる病気です。医師が言いました。

「原因はトルエンです」

トルエンとは、石油からつくられる有機溶剤です。有機溶剤とは、簡単に言えば、物質を溶かして液体にするものです。

ネイルカラーやベースコート、トップコートには、合成樹脂（＝プラスチック）を液状に溶かす有機溶剤が入っています。

爪にコート剤などを塗ると、時間の経過とともに有機溶剤が揮発《きはつ》して、爪にプラスチックだけが残るという仕組みです。

トルエンだけでなく、除光液に使われるアセトンなども有機溶剤です。ネイルカラーをす。

塗るときとは逆に、固まったプラスチックを有機溶剤で溶かし、取りやすくしているので

ネイルカラーや除光液など「化粧品成分」に関しては、厚生労働省が「化粧品基準」というものを決めているし、化粧品を製造する会社は各都道府県が許可を出している。爪に塗ってもいいものを販売しているはずだから、体に悪いものであるはずはない。私はそう思い込んでいました。これが大きな間違いでした。

私は10年間、**一生懸命にお客さまの爪を飾り続けながら、有機溶剤を間近で吸い続けてしまった**のです。

口や鼻を通じて肺に入った有機溶剤は、肺から酸素などと一緒に血液に取り込まれて全身に回り、私の体はむしばまれていきました。

ネイルの仕事は命を削る仕事だった

そのころ、私は目の上下運動ができなくなっていました。サロンの蛍光灯を交換しようとしても、目が上に向かないので交換できないのです。光もまぶしく感じられました。病

院で検査を受けると、視神経が麻痺し、瞳孔の開閉が鈍くなっていることがわかりました。

有機溶剤の中毒が進むと、神経細胞が変質し、さらに進むと免疫機能も変質する可能性があると担当の医師から告げられました。

「すぐに危険物から離れてください。完治した人は見たことはないですが、危険物から離れて6年くらい経てば、治る方向に向かうでしょう。このまま危険物を使い続けて、免疫機能まで変質してしまったら、治らなくなりますよ」

危険物から離れるということは、ネイルの仕事を辞めることを意味します。

このまま仕事を続けて病気を悪化させるか、仕事を辞めるか。

私に選択の余地はありませんでした。

その夜、お風呂に入っていると、いろいろな思いが涙とともにあふれてきました。

今まで積み上げてきたことは全部ゼロになる。足繁く通ってくださったお客さまともお別れしなければならない。私の体はどうなってしまうのだろう？　その涙には不思議と悲しみはありませんでした。そのときだけは思考が冴え渡っていました。そして、お風呂に入るたび、心の整理は進んでいきました。

THE RULE OF IKUZUME

03

素の爪をキレイに育てる「育爪」という考え方

「化学物質過敏症」になり、もう今までのように仕事を続けられないとわかってから、4日間お風呂の中で感情のない涙が流れ続けると、「ひらめき」が、降ってきました。

「そうだ、カラーリングをやめて、爪のお手入れだけを続けよう」

それから、すべてのお客さまに電話をしました。

ネイルカラーやコート剤が使えなくなってしまった経緯や、今後は手足の爪のお手入れサービスだけをさせていただくことのご報告。そして、何よりも、有機溶剤のリスクを知らずに、強力な換気設備なしで施術してきたことへのお詫び。

その結果、カラーリングを目的に来店されていた方は去り、お手入れだけでもやりたいというお客さまだけが残りました。ネイルの技術をもっていたスタッフも全員去り、新しいスタッフで再スタートを切ることになりました。

お手入れが行き届いた素の爪は飾る必要を感じない

カラーリングをやめて6ヵ月ほど経ったころ、お客さまに驚きの変化がありました。**お客さまが悩んでいた縦すじや色素沈着、くすみ、乾燥爪、二枚爪、表面の亀裂といったトラブルがだんだん解消されて、美しい爪に生まれ変わっていったのです。**

ネイルカラーやベースコートをしていたときにあったトラブルがなくなって、その代わりに、**ツヤと弾力があり、爪の先の白い部分が透明になったクリアネイルに変わっていったのです。**

お客さまやスタッフから**「飾らなくてもきちんとお手入れをした爪ってキレイだよね」**という声が聞こえだし、そこから、このお手入れ法を多くの人に伝えていきたいと考えるようになりました。当時のスタッフの1人が、「爪を育てて、キレイにしていくのだから、『育爪』はどうですか?」と提案してくれました。

こうして「育爪」は、私の病気がきっかけで生まれました。

「育爪」の短所は、キレイになるまでに時間がかかることです。サロンに通うだけでは、爪はキレイになってはくれません。サロンに通っても通わなくても、自分でオイルを塗ったり、爪が当たらない指使いを習慣にしていくことで爪が変わります。これらの習慣は自分の行動を細かく観察していくと、2～3ヵ月で身につきます。その2～3ヵ月の間に、爪はどんどん変化していきます。

ピンク部分を伸ばせば爪の形がキレイになる

そもそも私は、ネイリストになろうと思っていたわけではありませんでした。

ネイルスクールに通いだしたのは、ただ単純に習いごとが好きで細かい作業が好きだったからです。それまでは、あまり爪に関心はなく、爪にゴミが入るのが嫌でいつも爪を短くしていました。爪の先端が、指先から5ミリ以上も下にある典型的な深爪。指と爪がきちんとくっついているピンクの部分も少ししかなくて全体が短く、お世辞にもキレイとは言えない爪でした。

ネイルスクールに行くと、実技の練習のために爪を伸ばすように言われました。「伸ばすなんて、絶対に嫌だし、無理」と思いました。けれど、講座費用は返してもらえないし、通うのは4ヵ月だから、なんとか我慢しようと決めて、人生で初めて爪を伸ばし始めたのです。そこから、爪にゴミが入らないように、折れないように、指使いに気をつけて必死に過ごした3ヵ月。私の爪に驚く変化がありました。

爪を伸ばしたことで、爪と指が密着したピンクの部分が増え、立体的な縦長のキレイな形の爪になったのです。お手入れをして指の使い方に気をつけながら伸ばせば、爪はキレイになると確信しました。

ネイルの技術を身につけることが楽しくて、もう1ヵ所別のスクールに通い、その後、ネイルサロンに勤め始めました。そのネイルサロンに来店するお客さまは、つけ爪をする人と、ネイルカラーをする人がいました。私は、「つけ爪をしなくても、爪の形はキレイになりますよ」と喉元まで出そうになりましたが、営業妨害になるのでもちろん言えません。そこで、独立を決意して、つけ爪をしないネイルカラーとお手入れだけのネイルサロンを開業しました。独立したときから、コンセプトは、「ピンクの部分を伸ばして、自分がもつ爪の形をキレイにしよう」だったのです。

THE RULE OF IKUZUME

04

爪の形は生まれつきではない

当時も今も、お客さまに多いのは「私の爪生まれつき変な形なんです。母も祖母も同じ爪をしてて、遺伝だから変わらないんです」と言う人です。

私はそのたびにこうお伝えしています。

「大丈夫です。爪の形は必ず変わります」

2週間に1度来店するたびに不安そうな顔をする人には、「私はピンクの部分が今の半分しかなかったんです。そんな私でも変わりましたから、大丈夫です」と励ましながらケアをします。2～3ヵ月も経つとはっきりと変化を実感しますから、半信半疑だったお客さまも「爪って変わるんですね」と発言が変わって、爪を育てることが楽しくなり、生活の一部になっていきます。

もちろん、サロンに通わなくても、**自分でケアすることで爪の形は変わります。**

思い込みが爪の状態を生み出している

多くの人の爪を見てきて感じるのは、親から遺伝しているのは、「爪の形ではなく思い込み」だということです。逆に言えば、**思い込みを変えれば、爪はキレイになります。**

「爪の形が変」だと思っている人の共通点は、ピンク部分が短いことです。

おそらく、親や学校の先生から、爪を短く切るよう指導されてきたのだと思います。しかし、爪がキレイに見える形に切る方法は教えられていないため、短かく切りすぎてピンク部分がいびつな形になり、「自分の爪は生まれつき変な形だ」という思い込みができあがったのだと思います。けれど、爪を短くしすぎず、オイルで保湿し、爪を当てない指の使い方をしていくと、ほとんどの場合は思い込みが変わってキレイな形になっていきます。

立体的な美しい形の爪をつくる決め手とは？

「絶対に爪を伸ばせない」と思い込んでいる人も多くいます。

ある方は、「伸ばすとすぐに折れちゃうから無理」と言います。たしかに、ネイルをやりすぎたり、爪の表面を磨き過ぎて爪が薄くなっていると、折れやすくなります。でも、それ以外なら、オイルを塗ることで爪に柔軟性をもたせて衝撃に対して強くし、爪を当てない生活をすれば、伸ばすことができます。

また、「爪を伸ばすと、爪の先が平らになって広がり、扇形になってしまうからダメ」という人も少なくありません。実は、**爪が扇形になるのは、爪が指先の左右両端の皮膚と密着していないのが原因**です。爪切りで爪を切ったり、爪でシールを引っかいてはがすなど爪を道具のように使うと、気づかないうちに、爪が指先の左右両端からはがれてしまいます。また、爪の左右の角を切りすぎても同様にはがれます。

爪先が扇形に広がっていない立体的な形にするには、ただ爪を伸ばすだけでは不十分です。爪のプレートが指に沿ってアーチを描くように湾曲し、指先の左右両端に密着している必要があります。

指の先端のほうまで、指の側面と爪が密着すれば、爪は、爪の下の指先の丸みに沿って、立体的な形に変わります。指の先端まで密着できれば、ピンク部分が増やせます。上手にピンク部分を増やせれば、爪の形は変えることができるのです。

THE RULE OF IKUZUME

05

爪のピンクの部分は誰でも長くなる

手の爪を俯瞰《ふかん》すると、爪の先端部分は白く、爪の下の皮膚とくっついている部分はピンクになっています。白い部分とピンクの部分の境目のことを「黄線《おうせん》」と言います。黄線が爪先へ移動し、**ピンク部分が長いほうが、爪は美しく見えます。**

そして、ピンクの部分は、実は誰でも指の先端まで長く伸ばすことができるのです。

ポイントは、爪を短く切らないこと

爪の主な名称は?

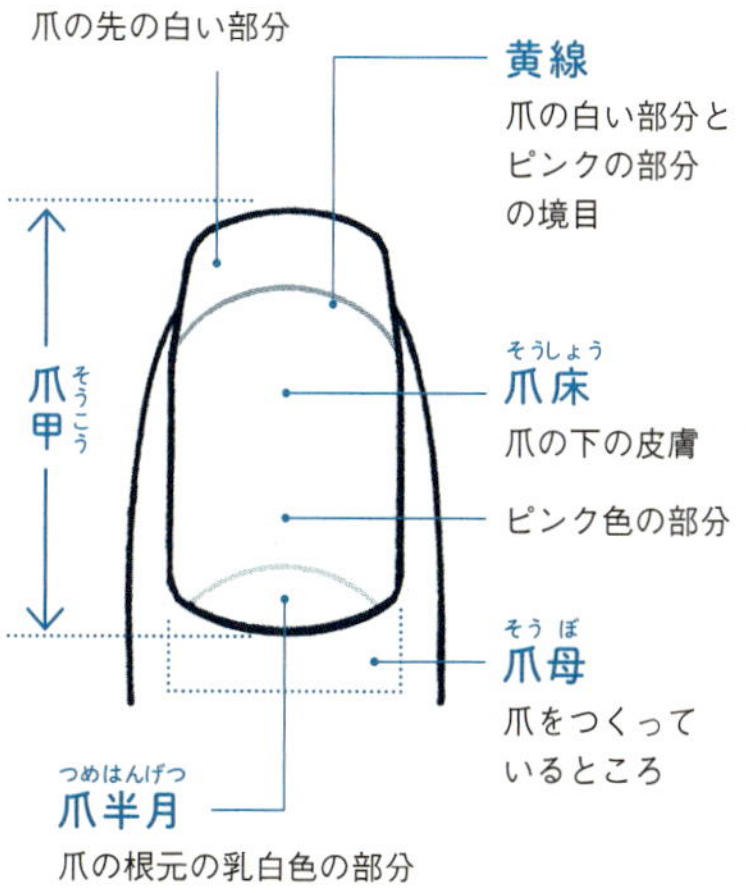

爪の先の白い部分
黄線
爪の白い部分とピンクの部分の境目
爪甲《そうこう》
爪床《そうしょう》
爪の下の皮膚
ピンク色の部分
爪母《そうぼ》
爪をつくっているところ
爪半月《つめはんげつ》
爪の根元の乳白色の部分

と、爪を整えるときの形です。

私もかつては、白い部分があるとゴミが入る気がして、つい切っていました。そして、「今日は白い部分を切ったのでもうゴミは入らないから安心！」と思って寝ると、翌朝には必ずまた白い部分ができていました。

そのため「私は爪が伸びるのが早いんだ」と思い込んでいました。

でもそれは間違いでした。爪は1日に0・1ミリしか伸びないからです。爪が伸びたわけではなく、密着していたピンク部分の先端がはがれて白い部分に変わっていたのです。

爪の習性で、白い部分を切ってしまうと、必ず白い部分ができてしまうのです。

爪の下の皮膚と爪がぴったりくっついていると、その部分はピンクになります。爪の下の皮膚から水分をもらって、爪が透明になり、爪の下の皮膚の色が透けて見えるからです。

爪の先は皮膚から離れているため水分が届きにくく、そのぶん白くなります。

ピンクの部分を長くするには、爪の長さを整えたときに、**白い部分を必ず2〜5ミリほど残しておく必要があります。**

もう1つ、ピンクの部分を伸ばすためには、爪を当てない指使いの習慣化が必要です。爪に物を当てなければ、ピンク部分が皮膚からはがれて白くなるのを防げるからです。

爪を当てない指使いができると美爪になる

爪を当てない指使いを習慣化するには、まず、**どんなときに爪が当たっているのか、自分の癖を把握する**必要があります。シールをはがすなど爪を道具として使うのはもちろんNGですが、それ以外にも、人は無意識に日常生活で爪先を使っています。

自分の生活の中でどんなときに爪を使っているか、確認してみてください。時間を割いてチェックするというよりも、「今、当ててしまった」と感じたら意識して、次から気をつけるようにします。そして、**爪を使わないようにするための代替手段を考えます。**

第3章で詳しく説明しますが、たとえば、お米をとぐときには、米とぎ棒を使うとか、体のどこかが痒いときは爪でかかずに指の関節を使うといったことです。

爪を当てない指使いをするということは、日々の暮らしの中で自分の爪をいたわるということです。ぜひ、「爪さん、いつもありがとう」と心の中で感謝を伝えながら取り組んでみてください。きっと、自然と笑顔になって、毎日の生活を楽しめるようになってくると思います。

THE RULE OF IKUZUME

06

爪は伸ばしたほうがゴミがたまらない

深爪の人に話を聞くと、「爪を伸ばすと、爪の中にゴミが入りやすくなる。だから、いつも爪の白い部分は切ってしまう」という人がほとんどです。

実は、**爪は伸ばしたほうが、ゴミがたまらなくなり逆に衛生的**だったのです。

私自身、かつては爪にゴミが入るのが嫌で、爪を伸ばせませんでした。ちょっとでも、白い部分ができると、すぐに爪を切っていました。だから、いつも指先よりも爪のほうが5ミリ以上短い典型的な深爪の状態でした。

でも、ネイルスクールに通い出して、実技の講習のために爪を伸ばす必要があり、いやいやながらも伸ばし始めました。生まれて初めてのことでした。

どうしたら爪にゴミが入らないのだろう。私は考えた末、爪がなるべくどこにも当たらないように気をつけることにしました。ネイルカラーを塗りたてのときは、誰もが、どこにも触れないように指の腹だけで作業をしていると思います。あの状態で、常に指先に神経を集中しながら生活したのです。そして、3ヵ月。

私は**長年つきあってきた深爪から卒業**しました。爪と指の皮膚が密着したピンク部分が、指の先端ぎりぎりまであって、指の先端から3ミリほど白い部分がついている状態の爪。自分が理想とする形の美爪を手に入れたのです。

形などの見た目に加え、思わぬ効果がありました。爪を長く伸ばしたにもかかわらず、**爪の間にゴミが入りづらくなり、入ったとしても水で流せば、スッと取れる**ようになっていたのです。**爪は、短く切るのではなく、長く伸ばしたほうが衛生的に保てる**とわかりました。もっと早く知っていれば、爪を短く切らず、ピンク部分を長くすることに集中していたのにと思いました。

ポイントは、普段から指使いに気をつけて、爪と爪の下の密着したピンクの部分を指先ぎりぎりまで伸ばすことです。

ゴミは爪と指の皮膚の間、しかも指の長さより根元側にたまります。指の先端近くまで爪と爪の下の皮膚を密着させてピンク部分を長くすれば、ゴミのたまる場所が減って、たまったとしてもすぐに取れるのです。

THE RULE OF IKUZUME

07

硬い爪より弾力のある爪のほうが強い

硬い爪よりも、弾力がある爪のほうが、衝撃に対して強くなります。

「爪を強くする」というと、ベースコートやネイルカラー、ジェルネイルで固めて強くするイメージをもつかもしれません。私もかつてはそう思っていました。

自分が「化学物質過敏症」と診断されても、お客さまへの施術を続けたかった私は、ネイルの必要性を訴えるために医師にこう言いました。

「先生、爪は何もしないままだと弱いから、ベースコートやネイルカラーで硬くして保護しないと駄目なんですよ」。医師は即座にこう返答しました。

「そんなことをやってる人は日本の中でどれぐらいの割合かな？　僕たちは何もやっていないけど爪は割れないよ」

言われてみればたしかに、ベースコートを塗らない人のほうが圧倒的に多いし、何もしなくても爪が割れていない人のほうが多いと気づきました。

その後、私自身ベースコートもネイルカラーも塗れない体質になったため、一切塗るのをやめ、それまでも日常的にやっていた爪と爪周りにオイルを塗ることだけをしていました。

ネイルカラーなどをやめて、毎日、オイルだけを塗っていくと、爪にどんどん弾力が出ていきました。現在、私の爪は、どこかに爪先が当たって衝撃が加わったとしても、折れることはなく、少しだけしなって元に戻ります。爪が乾燥しがちで、爪を保湿していない人の場合は、爪に弾力がなく、衝撃が加わったときに折れやすくなります。

たとえば、乾いた小枝を折ろうとするとパキパキ折れますよね。でも、木から切ったばかりの小枝は、芯の部分が潤っていて、折ろうとしても、しなりはするけれど、なかなかパキンと折れません。それと同じです。

爪もいつもオイルで保湿して潤いを与えて弾力がある状態にしておくと、丈夫な爪になっていきます。

オイルで保湿をし始めると、爪がしなやかになっていくのを実感できると思います。

THE RULE OF IKUZUME

08

「縦すじ＝老化」のウソ

爪の縦すじが気になっている人は少なくありません。

お客さまは口をそろえて、「縦すじは老化が原因、と皮膚科で言われた」と言います。

しかし、私は縦すじのすべてが老化によるものだとは思いません。

若い人でも縦すじが濃い人はいますし、年配の人でも縦すじがほとんどない人もいます。爪の縦すじは、乾燥が原因です。

確かに、加齢とともに縦すじは濃くなっていく傾向がありますが、**常にオイルで保湿していると、年齢に関係なく、縦すじは目立たなくなっていきます。**

さまざまな爪のトラブルの中で、もっとも改善しやすいのが縦すじです。

爪は根元の爪母《そうぼ》というところでつくられて、指の先端のほうに向かって伸びていきます。爪がまるごと1枚生え変わるまでに、手の爪は6ヵ月かかります。

加齢によって新陳代謝が落ちるので、皮膚の生まれ変わるサイクル、ターンオーバーと同じで、爪が生まれ変わるスピードも加齢とともに遅くなっていきます。人によって差はありますが、若い人よりも年配の人のほうが、爪の生え変わりがゆっくりになります。

ある日、サロンに、縦すじで悩んでいる72歳の女性が来店しました。

10本すべての手の爪が、まるでカーテンのように波打っていました。2週間に一度の来店の合間に、自宅でオイルを塗っていただきました。すると、とてもゆっくりとした変化でしたが、半年後、1年後、2年後と、少しずつ縦すじの深さが浅くなっていきました。

そして、2年半が経ったころ、最初のころの写真と比べると、「全然違う！」とわかるくらい、縦すじが目立たなくなりました。2年半の間に爪がまるごと5枚生え変わり、私の爪と同じくらい目立たなくなったのです。

30代の人だと、爪が2~3枚生え変わると、激的に改善する人もいます。

80代の人で、私の爪と同じくらい縦すじが目立たない人もいます。

今縦すじで悩んでいる場合でも、爪をオイルで保湿し始めると、新しく生えてくる爪から少しずつ縦すじが減っていきます。時間はかかりますが、着実に改善します。

THE RULE OF IKUZUME

09

爪を噛む癖には理由がある

爪を噛む癖は子どもに多いと思われがちですが、大人で爪噛み癖のある人も少なくありません。爪噛み癖のある人の爪は、短く形がふぞろいで、爪先がギザギザしていたり、周りの皮膚がひどくささくれていたりします。

噛み癖のある人の中には、ネイルサロンでジェルネイルやスカルプチュアと呼ばれるつけ爪をする人がいます。それらで爪の表面を固めている間は、一時的に噛むことができなくなります。しかし、それらを外すと、すぐにまた噛み癖が戻ってしまう人もいます。

爪噛み癖のある人は、普通の人が気にならないような爪の些細な部分が気になって、数年～数十年も爪を噛むことを繰り返している几帳面な人です。

このため、**自分が噛んでしまう理由と解消法が一度わかると、その解消法を根気よく続けることができるので、ほとんどの人が爪を噛まなくなります。**

なぜオイルを塗ると噛み癖がおさまるのか

爪を噛む人に理由をたずねてみると、大きく分けて2種類の回答がありました。「攻撃したくなる場合」と「キレイにしたくなる場合」です。

イライラしたり、緊張したりしたときに、爪を噛むことで安心してすっきりする。または、爪を見てささくれがあったり、ギザギザしたところがあると、そこを噛んでキレイにしてすっきりする。

意識的に噛むことも、無意識に噛んでしまうこともありますが、いずれにせよ噛んだあとはすっきりします。しかし、時間が経つと罪悪感や自己嫌悪のような感情が出てくるそうです。

どちらの場合も爪と爪周りの気になる部分が目で認識できなくなると、噛まなくなります。

そこで私のサロンでは、噛みたくなるたびにオイルを爪全体に塗ることをすすめています。そうすると一瞬で噛むところが見つからなくなり、噛む気が失せてしまいます。

たとえば、スマホの画面が割れたままだと「画面が見づらいな」「修理にお金がかかるな」「人に見られたら恥ずかしいな」と、画面を見るたびに気分が下がり、セルフイメージが下がります。

これが爪を噛む人の悪循環と似ているのではないかと私は考えています。

スマホを修理に出して割れた画面を新しいものに交換すると、「キレイだな」「快適だな」という感情が積み重なっていきます。爪を噛む人にとって、オイルを塗ることは、スマホの割れた画面を新しいものに交換することと同じような感覚なのかもしれません。

また、オイルを塗ることとあわせて爪を当てない指使いもお伝えしています。爪を当てると、爪先が何かに引っ掛かった拍子に爪がひび割れたりして、そこが気になり噛んでしまうからです。

オイルと爪を当てない指使いで、ほとんどのお客さまは爪噛み癖がおさまります。

THE RULE OF IKUZUME

10

美爪が与えてくれるもの

育爪をして、爪がキレイになってくると、今まで気にならなかった部分まで気になるようになり、キレイにしたくなっていきます。

「爪がツルツルになったのはいいけれど、指先の手荒れはどうにかならないかしら」というように、1つの課題が解決すると、次の課題を解決したくなるようです。


手荒れの原因は乾燥と摩擦です。皮膚は元来、皮脂や保湿成分などをつくり、乾燥から肌を守っています。もともと備わったバリア機能があるのです。

しかし、日常生活の中で知らず知らずのうちに手の乾燥が進んでしまいます。

衣類を畳むと、衣類に手の油分を取られますし、書類を束《たば》ねれば、書類に油分を取られます。意外なほど、布や紙は手の油分をもっていきます。

また、洗い物をすれば、お湯や食器用洗剤によって油分が失われます。すると、乾燥し、手が荒れていきます。つまり、**「手の油を取られる＝手荒れ」**なのです。

すっぴんの爪を育てると手荒れと無縁になる

「手荒れがひどくて」と、ひび割れて痛々しい手のひらを見せるお客さまがいます。手荒れを通り越して傷になっているのです。傷になった皮膚がターンオーバーしてキレイな皮膚に生まれ変わるのには、1ヵ月以上かかります。そうなる前に防ぐことが重要です。

現代の生活は、昔と比べると、ただでさえ手を洗ったり、せっけんを使ったり、お湯を使う機会が増えています。そのたびに、爪や手の皮脂が失われていきますので、継続的に油分を補うことが大切です。

爪にオイルを塗ると、手にも油分が行き届きますので、手荒れ予防になります。オイルを10本の爪に塗ったあとに、片手のひらに1円玉くらいの水を入れて、オイルと水を乳化させます。それを手全体にのばしていくと、ハンドクリームを塗ったようになり、手荒れが改善していきます。

そして、**手荒れのもう1つの原因である摩擦は、手袋を使うことで防ぐことができます。**

手が荒れている人の共通点は、摩擦に対する誤解です。手が布や紙に触れるだけで、油分が奪われて手荒れに発展するとは思っていません。手袋をすると、その誤解が解けます。

野菜や食器を洗う、洗濯物を干す、濡れ雑巾を絞るといった、水を使ったり濡れたものを触ったりするときは、ゴムや塩化ビニル製の手袋を使います。

衣類を着替える、洗濯物を畳む、新聞や雑誌を束ねる、引っ越し作業、部屋を片付けるといった、乾いたものに触れるときは、ゴムや塩化ビニル製、綿の手袋などを使います。

手袋をすることが面倒に感じる人が多いのですが、今までに、オイル保湿と手袋の両方を続けた人で、手荒れが改善しなかった人はいません。

習慣化すると、今までの手荒れが嘘だったかのように手荒れと無縁になります。ガサガサや痛みから解放されて、一年中みずみずしい手になるので、やめられなくなります。

また、手荒れとは異なりますが、手指の先端の皮膚が硬くなったり、ひび割れている人がいます。決まって、爪の長さが指の先端より短い人です。

その場合、爪が指の先端からはみ出すくらいまで伸ばすと、指の先端が爪に隠れて物に当たらなくなり、摩擦によって皮膚がひび割れたり、角質化することもなくなります。

爪から始まる理想の未来

あなたが爪を育て始めると、爪だけにとどまらない変化を体験していきます。
そして、あなたが今、想像していることが実現していきます。

もしあなたの爪がすでに理想の状態になっているとしたら、その爪は、どんな形、大きさ、色、ツヤでしょうか？　指先と手はどんな状態でしょうか？　あなたは自分の爪、指先、手を見て、どんなことを感じているでしょうか？　どんな気分でしょうか？

もしあなたの爪がすでに理想の状態になっているとしたら、あなたは、家族、仕事仲間、友人と、どんなふうに接しているでしょうか？　それは、どんな気分でしょうか？

もしあなたの爪が、すでに理想の状態になっているとしたら、あなたは、どんな1日を過ごしているでしょうか？　どんな気分で過ごしているでしょうか？

爪を育てることは、自分自身と向き合う時間を与えてくれます。あなたが自分の心の声に耳を傾けることで、ほかの誰でもない、あなたの本当の望みを知るのです。そして、すでにどこかに存在している理想のあなたが、現在のあなたを導いてくれるのです。

第2章

あなたの爪をダメにする「お手入れのウソ」

THE RULE OF IKUZUME

11 爪切りを使うのは爪の破壊行為

多くの人は、爪を切るときに、刃と刃の間に爪をはさんで切る金属製の爪切りを使っていると思います。歯を磨くときは歯ブラシを使うように、当然のこととして、爪を切るなら爪切りを使う。

「今日は爪を切るのに何を使おうかな」とは考えず、当たり前のように、新聞紙かティッシュを敷《し》き、乾いたままの爪をパチンパチンと切っているのではないでしょうか。

実は、**爪切りでカットすることは、爪に大きなダメージを与えます。**

爪切りで爪を切るのは、爪を傷めているのと一緒です。ニッパー型の爪切りの場合も、乾いたままの爪を切るのは、同じくおすすめできません。

そもそも、爪は1枚に見えますが、実は上層、中層、下層の3層構造になっています。

上層は縦の線維、中層は横の線維、下層は縦の線維でできています。

深爪で爪が短い人でも誰もが、この3層構造になっていて、爪の下の皮膚に沿って湾曲しています。一方、爪切りの切り口は、まっすぐなものがほとんどです。

3層の湾曲した爪を、無理にまっすぐにして、固い爪切りでパチンと切ることになります。すると、衝撃で層がはがれて、二枚爪の原因となります。二枚爪とは爪が先端のほうで薄くはがれた状態のことです。

紙やすりに変えるだけで美爪に変わる

しかも、多くの人は、爪を切ったあと、爪切りに付属している金属のやすりをかけてしまいます。これがさらなる悲劇を招きます。壊れた層を、粗くて硬いやすりで左右にこすることで、爪の線維がさらに壊れ、爪の切り口がギザギザになってしまうのです。

爪の三層構造とは?

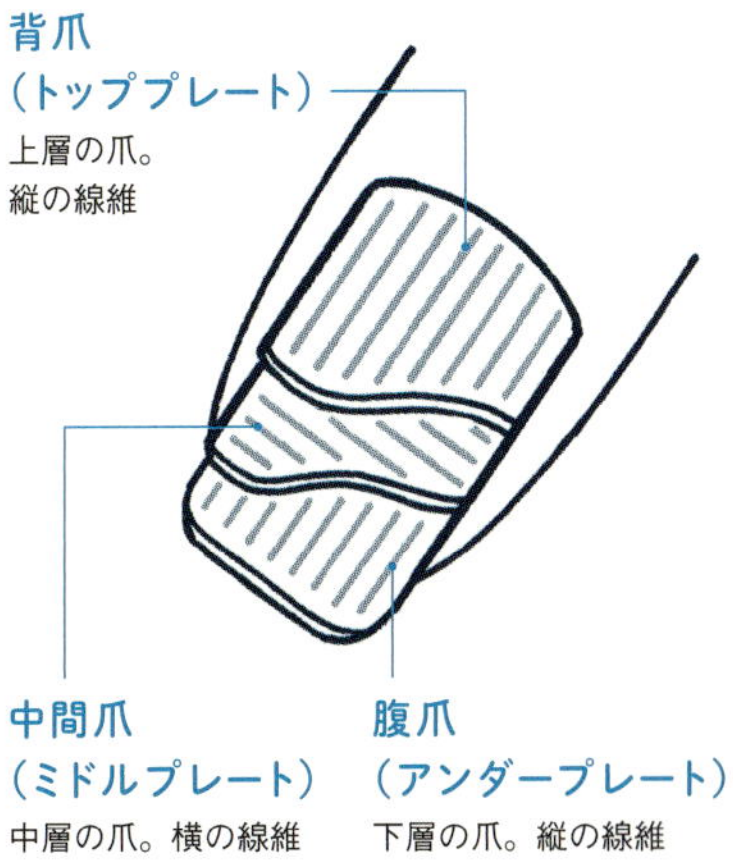

背爪
(トッププレート)
上層の爪。
縦の線維
中間爪
(ミドルプレート)
中層の爪。横の線維
腹爪
(アンダープレート)
下層の爪。縦の線維

ギザギザの爪のまま衣類やタオルなどを触って糸が引っかかると、爪の層がはがれて二枚爪になってしまいます。爪に衣類の糸が引っかかると、つい洋服のほうを心配してしまいがちですが、爪もダメージを受けているのです。

爪を切りたいときは、金属の爪切りよりも爪用の紙やすりがおすすめです。爪用の紙やすりは、**「ネイルファイル」とも呼ばれます。**

ファイルとは英語で「やすり」を意味します。

爪用の紙やすりは、目の粗さによって用途が分かれます。目の粗さはグリットと呼ばれ、数が少ないほど目が粗くてザラザラしています。素の爪を削るときは、180〜280グリットくらいのものがおすすめです。**今回付録になっている素の爪用の紙やすりでは、プリントが入っていないほうで、爪の長さを整えてください。** 240グリットと削りやすく安心な仕様になっています。

紙やすりを使うと、爪切りでバチンと切るより少し時間はかかりますが、爪への負担が減り、爪のピンク部分が減りませんし、形も整えやすく、二枚爪にもなりません。美爪をめざす人には、欠かせないアイテムです。

柔らかい材質のやすりは爪が負けない

爪を削ったあと、断面を整えるためのやすり選びも注意が必要です。

できるだけ爪より柔らかい材質のやすりを使うのがおすすめです。 硬い材質のやすり、たとえば、金属製やガラス製のやすりを使うと、爪が負けてしまい、二枚爪になることがあります。

目が粗くなくても、自分が思うよりも余計に削ってしまう可能性も高く、指に当たると、傷になる場合もあります。

爪を削るときと同様、爪よりも柔らかい爪用の紙やすりを使ってください。 爪が負けることもなく、失敗したときに事故になりにくいからです。

断面を整えるときは、爪の長さを整えるときよりも、目の細かいものを使います。こちらは、グリット数では、280～400グリットくらいのものがおすすめです。

今回の**付録では、プリントの入っているほうで断面を整えてください。** 400グリットで非常に目が細かく、初めての人でも整えやすい仕様になっています。

どうしても爪切りを使いたいなら？

よく聞かれるのは、「それでも金属製の爪切りで切りたい場合はどうすればいいですか」という質問です。

私は「洗面器にお湯を張って指先をしばらくつけて爪を柔らかくしてから、そのままお湯の中で爪を切るなら大丈夫かもしれません」と答えるようにしています。

その際、一気にバチンと切らないで、時間をかけてほんの少しずつ切り進めていくと、爪へのダメージは抑えられます。

お風呂から上がってから爪を切る場合は、入浴中に爪を十分柔らかくし、上がってすぐなら、少しはましかもしれません。でも、爪はすぐに乾燥しますから、あまりおすすめできません。それよりは湯舟に浸かったまま爪を切ることをおすすめしています。

ここまでお話しすると、たいていのお客さまは、「わかりました。金属の爪切りはやめておきます」と言います（笑）。

そこまでして、金属の爪切りにこだわらない、ということなのでしょう。

THE RULE OF IKUZUME

12

爪のゴミを取ると爪の形が悪くなる

爪の白い部分に黒っぽいゴミを見つけると、無性に取りたくなるものです。

でも、**美爪をめざすならつま楊枝などで掻き出さないでください。**

なぜなら、そうやって爪のゴミを取るのは、爪のピンク部分を爪からはがすのと一緒だからです。すると、せっかく育てたピンクの部分が少しへこんでしまいます。頻繁《ひんぱん》にやっていると、ピンクの部分はどんどん減っていきます。

ピンク部分が減るとは、爪と爪の下の皮膚の間の隙間が広がることを意味します。ピンク部分が減れば減るほどゴミが入りやすくなりますし、ゴミはどんどん爪の奥へ入ってしまいます。私も以前は、ゴミが入るのが嫌で爪を伸ばせませんでしたから、ゴミを取りたい人の気持ちは痛いほどわかります。もし、ゴミを取りたくなったら、爪の裏側からオイルを塗ってください。するとゴミが目立たなくなって、取りたい衝動が減ります。

ピンク部分が爪の先まで伸びれば、ゴミの入る場所が限りなく少なくなりますので、ゴミが入りにくくなりますし、入ったとしてもすぐに取れます。

爪に入ったゴミは流水で流し取る

爪にゴミを入れたくないのなら、とくに気をつけて爪を当てない指使いをします。それでも、もしゴミが入ってしまった場合は、水道の蛇口の下に手をもっていき、**ゴミの入った爪の裏を上向きにして水流で爪の間のゴミを流し取ってください。**水でもお湯でもかまいません。だいたいすぐに取れます。

それでも取れない場合は、水が入りやすくなるように、ゴミの入っている部分の指先の皮膚をほかの指などで押し下げて水を流します。爪と爪の下の皮膚が密着している部分が広がり、ゴミが取れやすくなります。

また、普段からオイルで爪をお手入れしていると、ゴミが入っても取れやすくなります。皮膚とゴミの間にオイルが入ることで、オイルが潤滑油になって、ゴミが取れやすくなるのです。

爪ブラシはピンク部分をはがす

つま楊枝と同様、爪ブラシを使うと、ピンク部分ははがれてしまいます。

サロンのお客さまでこんな方がいらっしゃいました。

30代の男性の方が、「全然ピンク部分が伸びない」と来店するなり怒りだしてしまったのです。

あまりにも怒っているので、ほかのスタッフは怖くて対応ができないほどでした。私が理由をたずねると、「2週間に1回ちゃんとサロンにも通い、自宅でオイルもたくさん塗っているのに、ピンク部分が伸びない」とのこと。

私が、「指の使い方を変えていただかないと、ピンク部分は伸びないんです」と言うと、「えっ、そうなの?」と驚いていました。

サロンに最初に来店したときに説明していますが、初日はお伝えすることが多いので、そのお客さまはそこだけ忘れていたようです。

「爪を当てない指使いができれば、ちゃんとピンク部分はつきますよ」と話し、普段どんな指使いをしているかをたずねました。

すると、「爪の間にゴミが入る仕事だから、仕事のあとはいつも爪ブラシで手をキレイに洗っている」とのこと。私は、「爪ブラシの使用を止めてみてください。手は水やお湯だけで洗って、もし職場で許されるなら、爪にゴミが入らないよう仕事のときにゴム手袋を使ってください」とお伝えしました。

来店したときは、怒っていたお客さまですが、爪ブラシを使っていたことがピンク部分が伸びない原因だとわかると、帰り際に2ヵ月先まで予約を入れて帰っていきました。

それから、3ヵ月後、そのお客さまの爪はピンク部分が増えてキレイな爪になりました。

爪のゴミを無理に取らない。

爪を当てない指使いをする。

爪にオイルを塗る。

この3つを実践してもらい、「アークスクエア」という形に整えると、ピンク部分がどんどん伸びていきました。アークスクエアについては、80ページでご紹介します。

THE RULE OF IKUZUME

13

爪の表面を磨くと半年間も弱い爪のまま

「爪の表面を磨く」というお手入れ法があります。ツヤツヤでキレイになります。でも、**爪の表面を磨き続けてしまうと、爪は薄くなり、かわいそうなほど弱くなってしまいますので、おすすめしていません。**

最近は、メンズマニキュアというメニュー名で、男性の爪をお手入れするネイルサロンも増えてきました。

爪の表面をまずはバッファーというやすりで磨いて凸凹《でこぼこ》を取り、その後、シャイナーというやすりで磨いてつやを出します。

すると、爪の表面がガラスのようにツヤツヤになり、ピンク色が濃くあざやかになります。爪が薄くなって血流の色が見えやすくなるからです。ピンク色が濃くキレイになるので、磨きすぎてしまう人がいるほどです。

一度ツヤツヤになった部分は、多少の傷がついても、ある程度の期間、輝きが持続します。でも、爪は1ヵ月に3ミリほど伸びます。伸びてくると、伸びた根元の部分が気になって、再び爪磨きをやってしまいます。多いと、2〜3ヵ月ごとに爪を磨きます。しかも、伸びたところだけでなく全体を磨きます。

すると、爪の先にいくにしたがって、二重にも、三重にも削られてしまうため、爪の先端のほうは相当薄くなって弱くなり、最悪の場合、割れたり、折れたりします。

話を聞いてみると「爪は伸びるときに厚さも増える。だから、表面を削っても問題ない」と勘違いしている人がいます。**爪は根元から爪先に向かって伸びていくのであって、厚みの方向に成長することはありません。**

削って薄くなったら、爪が生え変わる半年間はそのままなのです。

爪の厚みは戻らない

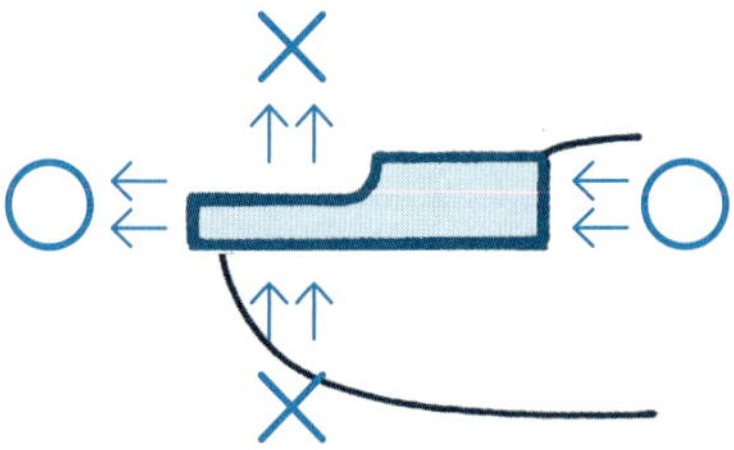

○ 爪は根元（爪母）から生まれ、前方に伸びる

× 爪は爪の下の皮膚からは生まれない
爪の下の皮膚から爪が成長したり、厚みを増したりすることはない

縦すじのメカニズム

縦すじがある場合も、爪の表面を磨いてしまう人がいます。一度磨いてしばらくして「目立つな」と感じると、再び表面を磨いてしまいます。すると、指先のほうは2回削られることになるので、さらに薄く弱くなります。

削って磨くという「爪磨き」のケアの場合、一瞬で爪はピカピカになります。けれど爪は薄く弱くなります。あまりにも爪が薄いと、入浴のときや食器を洗うときに、お湯が指先に触れただけで痛みを感じるようにもなります。ずっと爪を

薄くなった爪が本来の厚みに戻るまで

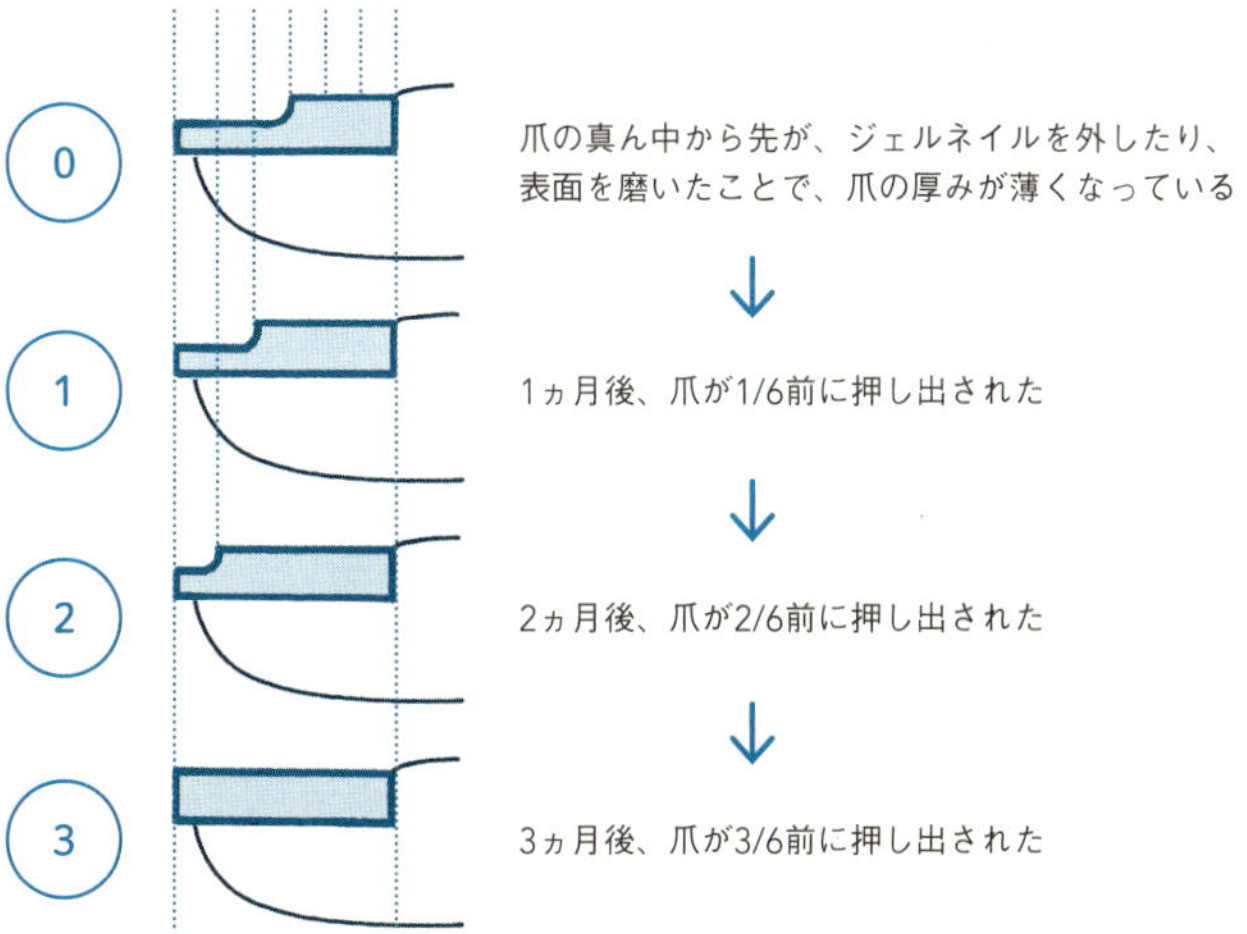
0
爪の真ん中から先が、ジェルネイルを外したり、
表面を磨いたことで、爪の厚みが薄くなっている
1
1ヵ月後、爪が1/6前に押し出された
2
2ヵ月後、爪が2/6前に押し出された
3
3ヵ月後、爪が3/6前に押し出された

磨き続けるのは危険です。

私は縦すじはオイルのケアで改善すると考えています。なぜ、オイルで改善するのでしょうか。

冬の寒い日は地面に霜柱ができることがあります。その地面をよく見てみると霜柱の周りはひび割れしています。土の水分が霜柱となって土の体積が減り、土が縮んでシワが寄ったのが原因です。

縦すじもこれと同じ原理です。爪で水分が多いのは、爪の根元の爪母《そうぼ》の部分です。爪母は爪をつくっている場所ですが、そこが常に潤っていたら、縦すじの少ない爪をつくり出せるのではないかと私は仮説を立てています。爪は爪先側の方向へ前に押し出されるように伸びます。爪の表面、側面、爪の裏側まで常にオイルで保湿をしておけば、爪母の保湿も保たれるので、縦すじがゆるやかな爪が伸びてく

爪の水分量について

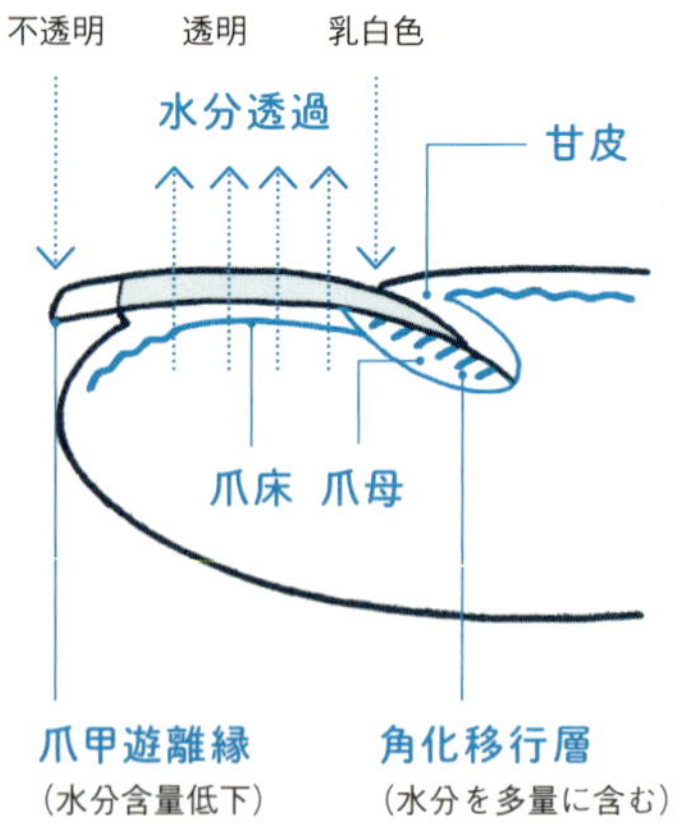

不透明
透明
乳白色
水分透過
甘皮
爪床
爪母
爪甲遊離縁
（水分含量低下）
角化移行層
（水分を多量に含む）

ると考えています。

実際にたくさんの方が、オイルだけで縦すじを改善していますが、自身の爪の変化はわかりづらいようです。たとえば、毎日髪の毛が伸びていることを自覚できないように、いつも目にする縦すじの変化に気づくのは難しいのです。「全然縦すじが変わっていない」というお客さまには、スタッフが以前の写真をお見せしています。

すると、縦すじの変化を実感すると同時にオイルの効果がわかり、塗る回数も増えていきます。**一度、縦すじが目立たない爪になってしまえば、お手入れ次第でキレイな爪が一生手に入るのです。**

縦すじが改善するしくみ

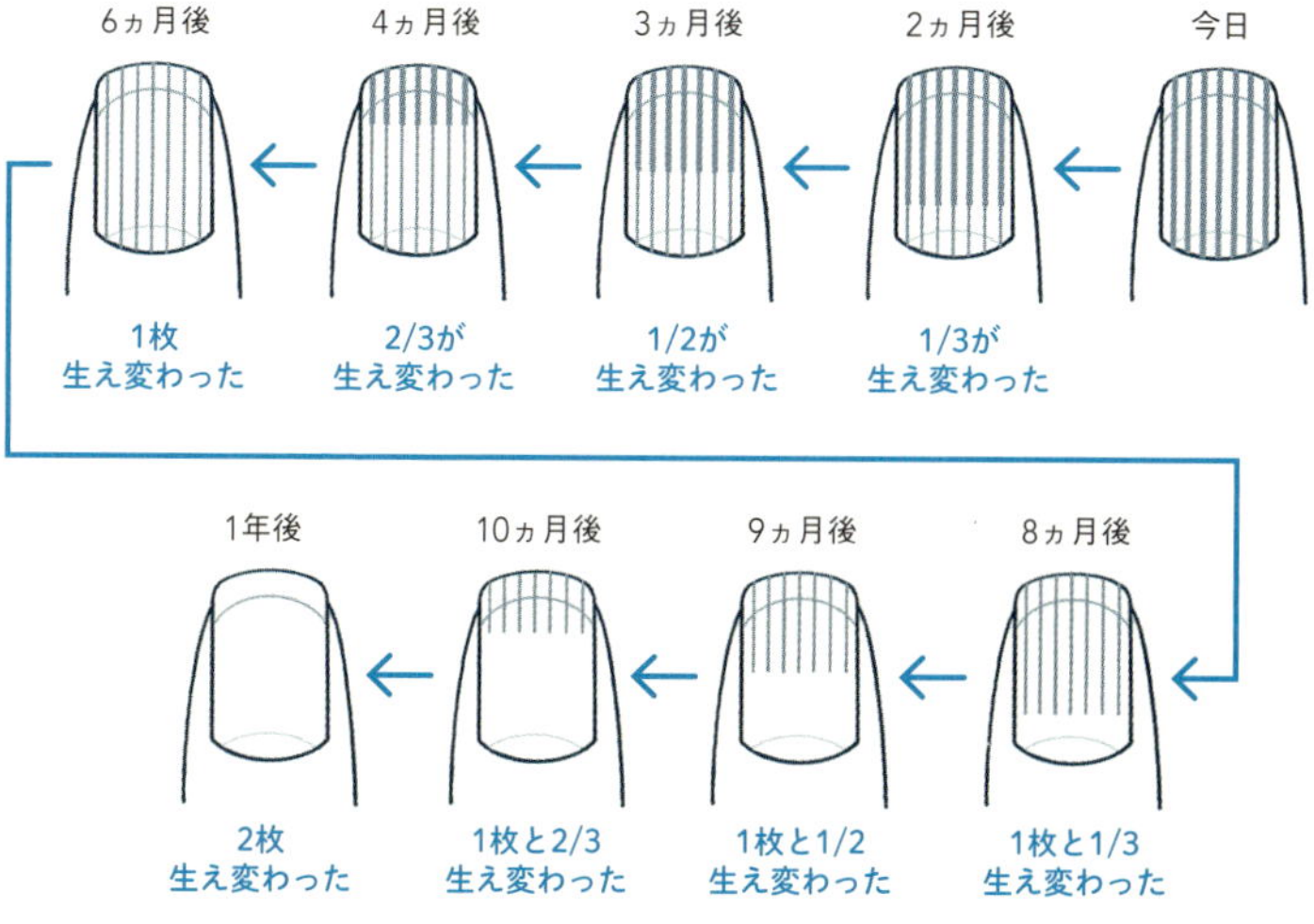
今日
2ヵ月後
1/3が
生え変わった
3ヵ月後
1/2が
生え変わった
4ヵ月後
2/3が
生え変わった
6ヵ月後
1枚
生え変わった
8ヵ月後
1枚と1/3
生え変わった
9ヵ月後
1枚と1/2
生え変わった
10ヵ月後
1枚と2/3
生え変わった
1年後
2枚
生え変わった

THE RULE OF IKUZUME

14 爪先の白い部分を切ると爪全体が短くなる

爪先の白い部分をすべて切ると、一時的に、爪がピンク色の部分だけになります。けれど、翌日にはまた白い部分が少しできています。白い部分は、爪が一夜にして伸びたわけではなく、爪から爪の下の皮膚が離れたためにできた、いわば隙間です。密着していたピンクの部分が短くなって、白い部分をつくり出しています。

これは爪の習性のようです。

爪を爪用の紙やすりで削るときは、白い部分を最低でも2ミリ以上残してください。すると、翌日になってさらに白い部分が増えていることもなく、ピンク部分も減りません。

ただし、例外的に二枚爪になっている部分やギザギザしている部分は、すべて削り、残さないようにします。傷んでいる爪は、そのまま伸ばしてもすぐに折れてしまうからです。

美しい爪の条件は、爪のピンク色の部分が長く、立体的な形をしていることです。ピンク部分をキレイに長くするには、爪を削るときに注意が必要です。

まずは、**先をとがらせた三角型に削らない**こと。「爪の先が細くなっているほうが、指が細く見えるから」とつい爪先の両角をナナメに削ってしまいがちです。でも、両角を削ってしまうと、ピンク部分がはがれます。

爪先が指の左右の側面から離れた場所は、外からの衝撃の負荷を受けやすいため「ストレスポイント」と呼ばれています。**このストレスポイントの両端も切り落とさない**ようにします。切れば、必ず

爪を短く切ると爪の形が短くなるしくみ

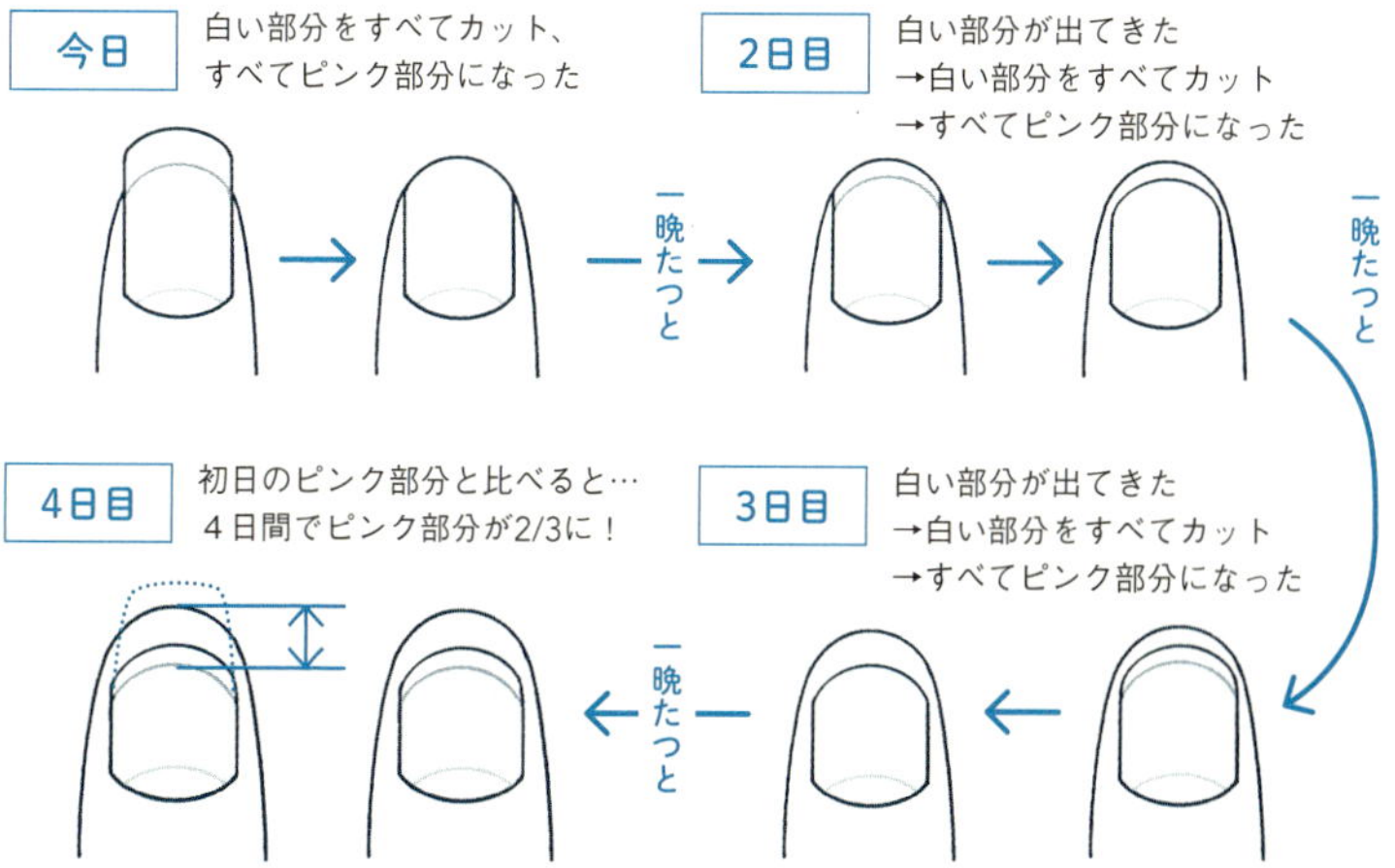
今日
白い部分をすべてカット、
すべてピンク部分になった
一晩たつと
2日目
白い部分が出てきた
→白い部分をすべてカット
→すべてピンク部分になった
一晩たつと
3日目
白い部分が出てきた
→白い部分をすべてカット
→すべてピンク部分になった
一晩たつと
4日目
初日のピンク部分と比べると…
４日間でピンク部分が2/3に！

爪が皮膚からはがれて、白い部分が増えます。

爪を切った形に沿って白い部分が生まれる

理想の爪を手に入れるには、爪を伸ばして、指先より伸びた爪を削ること。爪先の形は丸くしたり、**三角形に近い形にせずに、四角に近い形にします。そうしないと、指先の左右の両端の皮膚が爪と密着しないので、立体的な形になりません。**

両端が爪とつけば、爪は指の下の皮膚と沿うしかないので、誰でも立体的なキレイな形の爪を手に入れられます。

深爪のお客さまでよく「爪を伸ばさないで、爪の形をキレイにしたい」という人がいます。私は「それは無理です。残念ながら、爪を伸ばさずして、爪の形を変えることはで

爪は三角に切ってはいけない

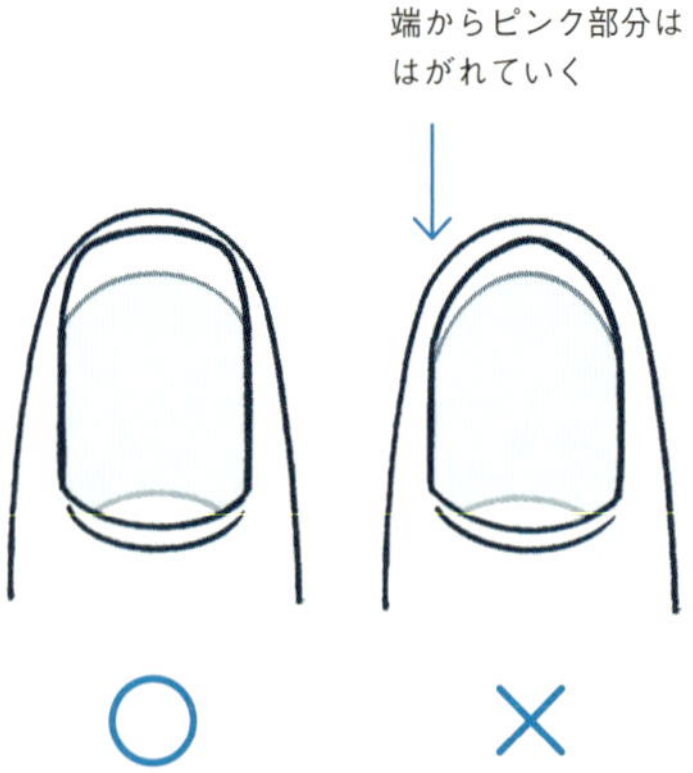

きないんです」とお答えしました。**形を整えるためにも、どうしても白い部分が必要ですし、爪を伸ばさない限り、ピンク部分を伸ばせないため、理想の爪は手に入りません。**

なぜなら、ピンク部分は、爪に指がくっついてできている部分であり、伸びた部分に指の皮膚がくっついたときに、はじめてピンク部分が増えていくからです。

爪を伸ばせない仕事の人でも美爪になれる

爪先の白い部分は、爪の印象を変えるのに大きな役割を果たします。

お客さまの中には、伸ばしたいけれど、職業上、爪をあまり長くは伸ばせない、という人もいます。たとえば、医師、看護師といった医療関係者や介護職、調理スタッフなどの飲食関係、茶道をしている人などです。

ほとんどの方が、「爪が長いと、職場ですぐに切るように言われるから伸ばせない。だけど、キレイにしたい」という要望をもっています。

そういう方々は、ほとんどが最初は深爪です。爪を伸ばしながら少しずつピンク部分も増やし、**指先のギリギリまでピンクにして、白い部分を2ミリくらいにすると**、キレイな爪になります。白い部分が2ミリ程度なら、病院でも「切りなさい」とは言われないようです。**ピンク部分がしっかりと指先までついて、白い部分を短くすると、「爪を短くしている」という印象になる**ようです。

伸ばしすぎると危険な「ハイポニキウム」

爪を長く伸ばしていくと、爪先の裏側と指先の皮膚の間にハイポニキウム（爪下皮《そうかひ》）と呼ばれる皮膚が伸びてくることがあります。

爪の間の隙間を減らし、**ゴミの侵入を防いでくれます**ので、爪を長く伸ばしたい方の中には、「ハイポニキウムがつくと嬉しい。育てたい」という人もいます。

ただし、皮膚科の医師の中には「ハイポニキウムが長く伸びすぎると、血管も伸びてくるので、爪を切ったり、爪が折れたりしたときに痛みや出血を伴う場合がある」といってハイポニキウムを伸ばしすぎることをすすめない人もいます。

THE RULE OF IKUZUME

15

甘皮を切ると、ささくれができる、爪母が傷つく

あなたは、甘皮周りのお手入れをしていますか？

多くのネイルサロンには、甘皮処理のメニューがあります。爪にネイル材料をつける前の下処理として、爪の生え際まで薄皮を取り除きます。甘皮を爪の根元に向かって押し上げたり、場合によっては切り取ったりすることもあります。

甘皮の処理をすると、爪周りがキレイに整って見えます。甘皮処理の道具はネットで買えるため、ネイルサロンに行かずに自分でやる人もいます。

しかし、一歩間違えると、ささくれの原因になりますし、誤って爪母を傷つけてしまうと、一生涯、爪に深いすじが入ってきてしまう、という事態になりかねません。

ここで甘皮周りの名称について説明しておきます。

甘皮は、爪と、爪のつけ根の皮膚との境目にあるワクのようなものです。爪上皮《そうじょうひ》とも言

います。甘皮と混同されがちなものに、薄皮がります。薄皮は爪と甘皮の間にある薄い膜で爪の表面にへばりついています。爪上皮角質《そうじょうひかくしつ》とも言います。

爪のつけ根のあたり、爪半月と甘皮の一帯は「爪母」といって、その名が示すとおり爪をつくっている大事な部分です。爪母を傷つけてしまうと、爪が一生変形して生えてきてしまう場合もあります。

サロンのお客さまの中には、バレーボールでトスをしたときに、親指の爪母を傷つけてしまった人がいます。その方は、親指の爪の一部分だけ、いつも濃い縦すじが入って伸びてきます。そして、先の方では必ず割れてしまいます。そのお客さまは自宅で、割れたところを瞬間接着剤でつけて、ふさいでいます。

対処はできますが、一度爪母を傷つけてしまうと、ダメージのある爪と一生つきあっていくことになります。私はサロンにくるお客さまに冗談で、「もし、ドアに爪をはさむこ

薄皮と甘皮の違い

とがあっても、絶対に爪母ははさまないようにしてください」と言っています。爪の**爪母はそれくらい大切にしていただきたい部分**なのです。

自分でケアする場合は甘皮はいじらない

サロンでは、お湯でふやかした後で、薄皮を爪表面からはがしていきます。電動マシンが爪には一番負担がかかりません。電動マシンの先は、プラスチック製の小さなスプーンのようになっていて、はがす際に甘皮の外わくまで、スプーンを入れていきます。そこで甘皮が根元側に押される形になります。はがれた薄皮は、専用ニッパーでつまみとっていきます。

そして濡らしたコットンで、残っている薄皮を取ります。

家でも、お湯でふやかした後に薄皮をコットンで拭き取る程度はやってもいいと思いますが、甘皮はいじらないのが賢明です。とくにやってしまいがちなのは、**甘皮をニッパーで切ってしまうこと。これは要注意**です。

極端な話ですが、爪に張りついている甘皮をすべてカットしてしまうと、つけ根から指の第一関節のほうに向けて、皮膚はペラッとむけてしまいます。するとそこから雑菌が入り込みます。甘皮は体内に雑菌が入らないようにふたの役割をしています。だから、絶対に切り取ってはいけないのです。

自宅でケアをする場合は、甘皮は何も処理をしないようにしましょう。

ささくれは引っ張らずにカットする

ささくれが出ていると、ピッと引っ張って取りたくなるものです。が、これもぜひ止めてほしい行為です。たとえば、甘皮の一部がはがれて、ピョンと飛び出したささくれは、とても気になるので、深く考えずに引っ張ってしまいます。

すると、甘皮は指の皮膚までつながっていますから、皮がはがれ、出血することも。こうしたささくれを見つけたら、眉毛用の小さなはさみでカットし、オイルを塗っておくといいでしょう。

そもそもささくれには2種類あります。皮膚のささくれと、爪のささくれです。

皮膚のささくれは、乾燥や摩擦によって、皮膚がむけるのが原因。乾燥や摩擦を防ぐために、家事の際に手袋をしたり、オイルを塗って手指を保護するとできなくなります。

爪のささくれは、ストレスポイントから爪が裂けて出てきたもの。爪の一部と考えられます。原因は衝撃と乾燥と摩擦です。爪に何かが当たって衝撃を受けることで、ストレスポイント周辺の爪が曲がり、爪が裂けてしまうのです。

爪のささくれの予防には、保湿が大切です。オイルを爪の裏側から塗ることで、ストレスポイントにも流れ、爪全体の保湿もできます。

よくある爪のトラブル

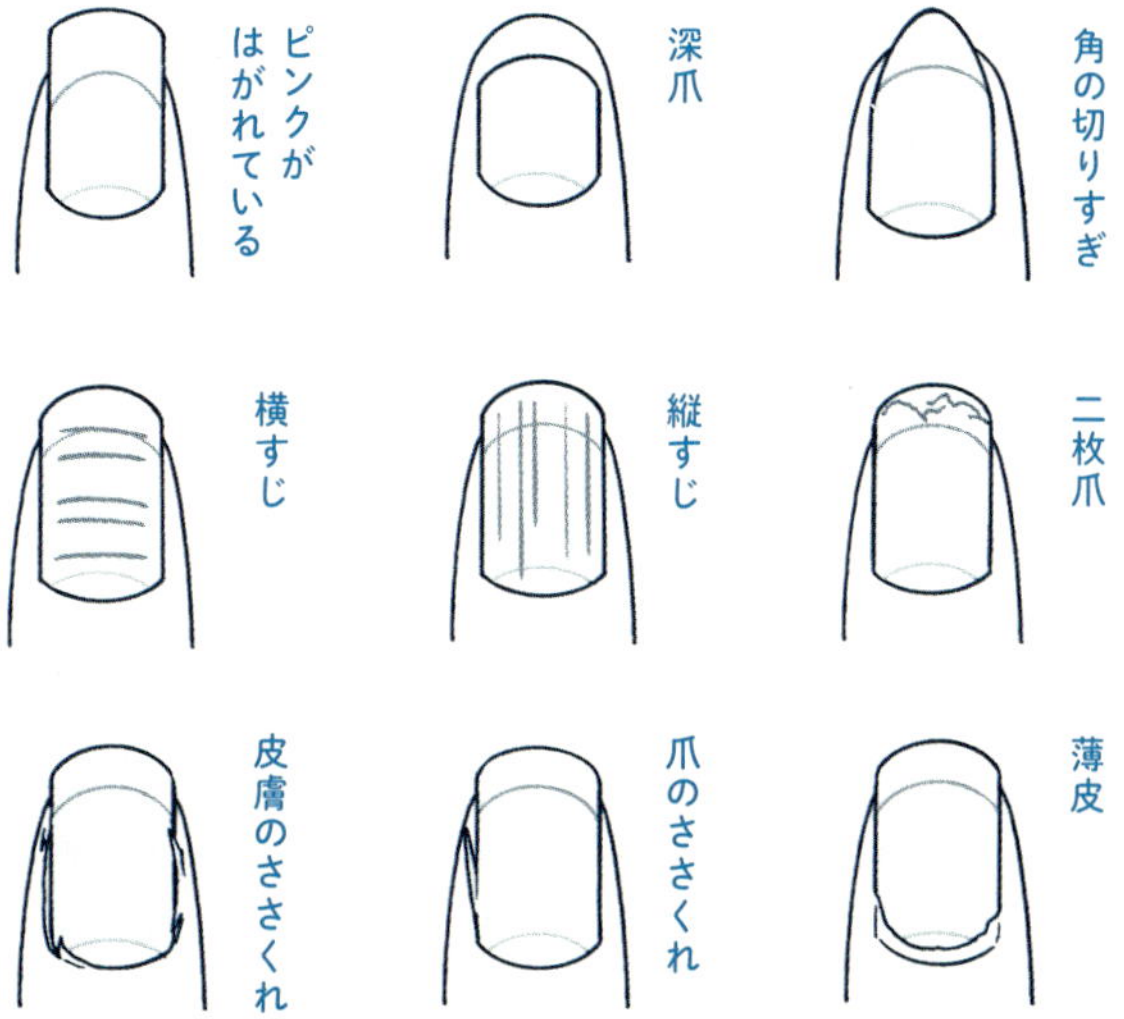

THE RULE OF IKUZUME

16

ネイルの塗りっぱなしは、除光液よりダメージが大きい

お客さまの中には、「何よりも除光液が爪に悪い」と思っていて、ネイルカラーが多少はがれてもそのままにしている方がいます。実は、ネイルカラーを塗りっぱなしにしておくことが、爪の乾燥をまねき、トラブルの元になっていました。

私もネイルスクールに通っていたときに「除光液が爪には良くない」と習っていたので、除光液を使う頻度を減らそうと思っていました。サロンでも、2週間はもたせるようにお客さまにネイルカラーを塗れば、除光液を使うのは2週間に一度だけ。爪にはそれがいいと信じて疑わず、ネイルカラーのもちをよくさせることに必死でした。

けれど、長年お客さまを見てきた中で、その考えは間違っていたとわかりました。

今は、**除光液を使う回数が多いことよりも、爪にふたをしてしまう期間が長いほうが爪にとってダメージが大きい**と断言できます。ネイルカラーだけでなく、コート剤も、ジェ

ルネイルも、つけ爪も同様。ふたをしている時間は短いほうがいいのです。

理由は、爪の下の皮膚から爪を通して蒸発している水分が出られないからです。爪の表面近くは乾燥しているのに、皮膚に近い部分は水分が多すぎる状態です。爪が割れる。二枚爪になる。爪が真っ白になる。どれも、ネイルカラーやコート剤などを長く塗っているお客さまに多いトラブルでした。

そうは言っても、やはりパーティーや華やかな席に出る場合など、どうしてもネイルカ

ネイルカラーとコート剤のしくみ

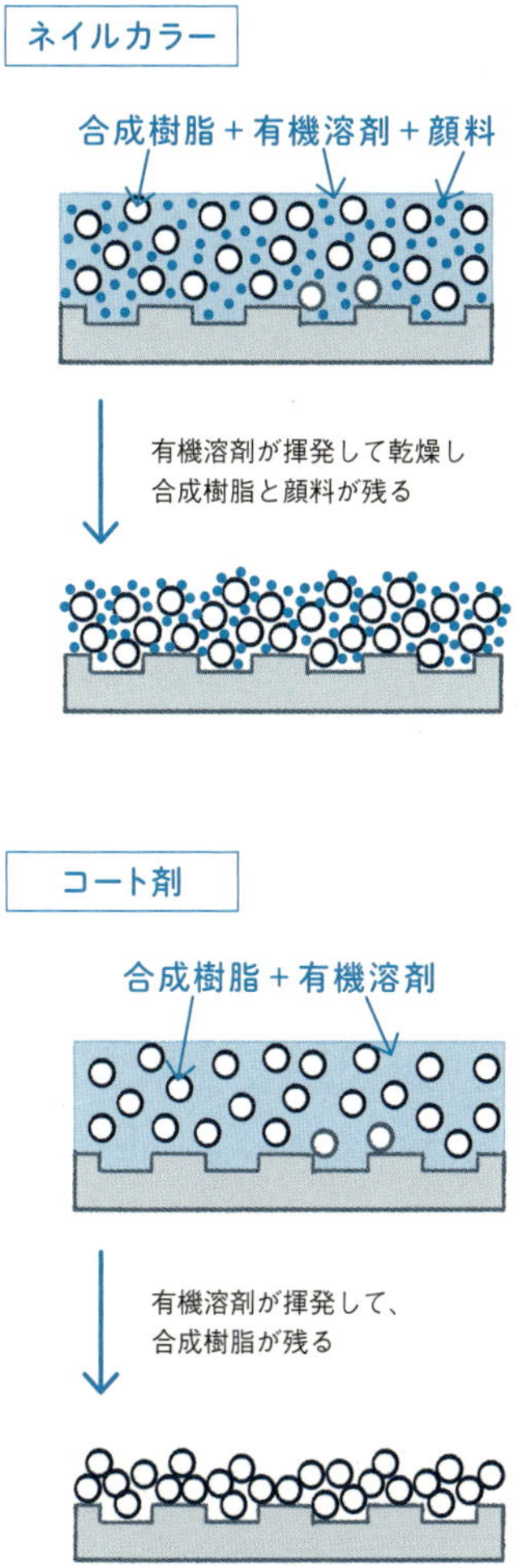
ネイルカラー
合成樹脂＋有機溶剤＋顔料
有機溶剤が揮発して乾燥し
合成樹脂と顔料が残る
コート剤
合成樹脂＋有機溶剤
有機溶剤が揮発して、
合成樹脂が残る

ラーを塗りたい方もいると思います。その場合は、**ネイルカラーを塗った日か、その翌日には除光液で落としてください。**1日か2日でしたら、大きなダメージにはつながらないようです。

除光液には、ノンアセトンと書かれているものがありますが、ノンアセトンは落としにくいので、その分時間をかけて何度も爪をこすることになります。アセトンが入ったもので早めに落としたほうが、爪へのダメージは軽減されます。なぜなら、ノンアセトンとうたっていても、ネイルカラーを落とせる強力なものに変わりはないからです。

長期間ネイルを続けると爪が皮膚からはがれる

「指から剥離《はくり》した（はがれた）爪をなんとかしたい」とサロンに来店するお客さまは、ジェルネイルやネイルカラーを長く続けている人がほとんどです。

爪の表面にプラスチックでフタをされ逃げ場を失った水分は、爪の白い部分とピンク部分の境い目から出る以外に出口がありません。水分が境い目から出るために、爪の下の皮膚から爪がはがれ、剥離した状態になってしまうと考えています。

また、ジェルネイルをつけるときには、接着力を高めるために爪の表面を削ります。外すときには、爪の表面で固まっている合成樹脂を有機溶剤で溶かします。

爪が薄くなっているうえに、有機溶剤によって爪から油分が奪われて乾燥するため、少しの刺激でも爪は欠けやすくなります。そして、ジェルネイルをつけたり、取ったりを繰り返すうちに、爪の表面がボロボロとはがれたり、爪が欠けたりしてしまうのです。

では、爪がボロボロになってしまったら、どのようにしたら改善

絶対に爪が傷まないジェルネイルオフの方法

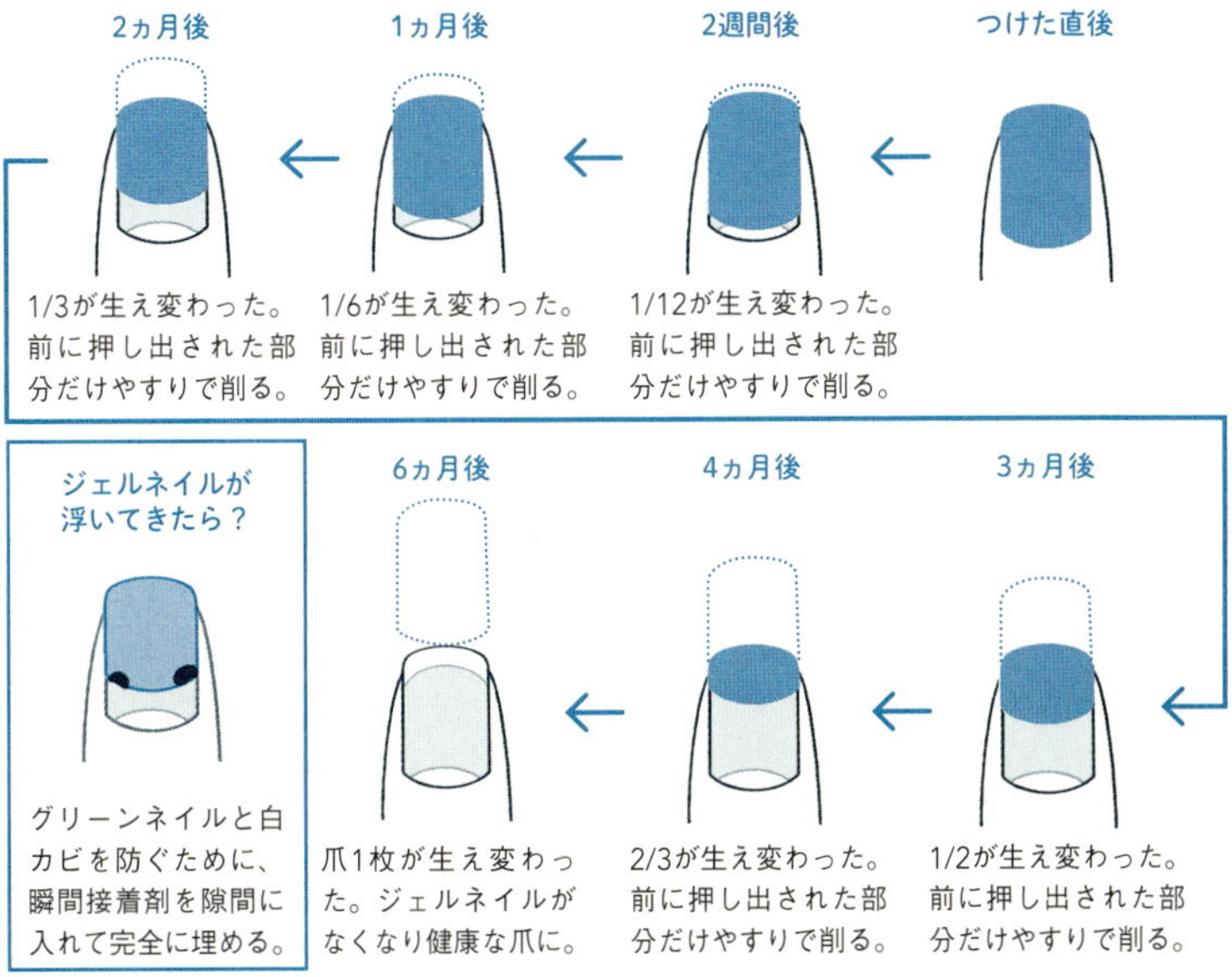

つけた直後
2週間後
1/12が生え変わった。前に押し出された部分だけやすりで削る。
1ヵ月後
1/6が生え変わった。前に押し出された部分だけやすりで削る。
2ヵ月後
1/3が生え変わった。前に押し出された部分だけやすりで削る。
3ヵ月後
1/2が生え変わった。前に押し出された部分だけやすりで削る。
4ヵ月後
2/3が生え変わった。前に押し出された部分だけやすりで削る。
6ヵ月後
爪1枚が生え変わった。ジェルネイルがなくなり健康な爪に。
ジェルネイルが浮いてきたら？
グリーンネイルと白カビを防ぐために、瞬間接着剤を隙間に入れて完全に埋める。

できるのでしょうか。

嬉しいことに、今の爪がボロボロだったとしても、根元からは常に新しくキレイな爪が伸びてきます。私がおすすめしている方法は、まず爪を伸ばし、伸びたぶんを紙ヤスリで削っていくというものです。**手の爪1枚がまるごと生え変わるのに必要な6ヵ月の間、伸ばして削ってを繰り返すと、ボロボロな部分はなくなって、健康な爪に生え変わります。**

長期間、ネイルで爪にフタをしていると、少しずつ爪が傷んでいきます。そこで、たまに休憩をはさみ、すっぴんの爪に戻す期間をもてば、そのぶんだけ爪の健康は回復します。

爪の剝離は例外もあります。ある日、9本の爪が剝離しているお客さまが来店しました。ベースコート、カラーリング、ジェルネイルのどれも経験がないのに、最初は1～2本が剝離し、それが3～4本になり、最後には9本の爪が剝離したそうです。不思議に思って皮膚科を受診したところ、乾燥とだけ告げられて、軟膏が処方されたとのことでした。そこで私は、毎日オイルを塗ること、手を洗ったら完全に水分を拭き取ること、できるだけ爪を当てない指使いをすることの3つをお願いしました。すると、1本ずつ剝離がなくなっていき、1年以上かかってすべての指から剝離がなくなりました。もし、ネイルを一切しておらず、感染症もないのに剝離した場合は、乾燥が原因かもしれません。

THE RULE OF IKUZUME

17

ベースコートを塗り続けたら、二枚爪は一生治らない

二枚爪になった人に多いのは、その部分を保護する目的でベースコートやネイルハードナーなどを塗ってしまうことです。爪の先がはがれたままだと、さらにはがれると心配して、コート剤を塗ってしまいます。ですが、これが悪化の元になります。

ベースコート類には油脂を取り除く作用のある有機溶剤が含まれています。二枚爪の原因が極度の乾燥であるにも関わらず、ベースコートを塗ると、その下にある自爪の油分が奪われて乾燥が進み、自爪表面のひび割れの範囲がさらに広がります。ひどい場合は、自爪の上のベースコートまでひび割れます。

二枚爪とは?

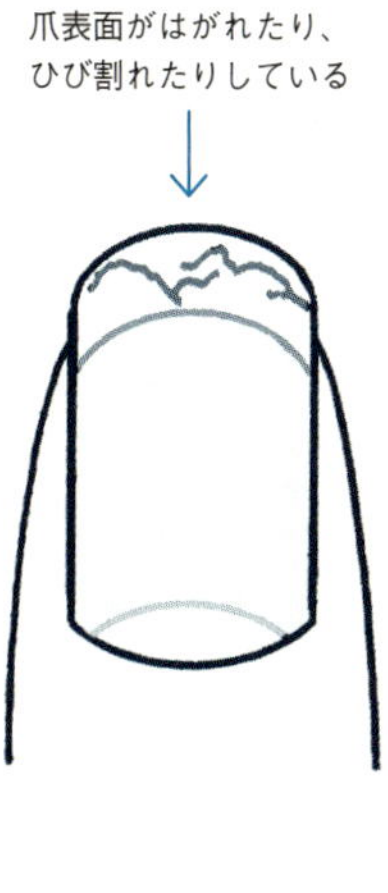

重要なのは爪を長い時間ふさがないこと

ジェルネイルやネイルカラー、ベースコート、トップコートには、合成樹脂、つまりプラスチックが使われています。プラスチックで爪表面が覆われていると、入浴や手洗いのときに、爪が水分を含むこともできなくなります。公園にある木製ベンチに透明コート材を塗って、木に水がしみ込むのを防ぐのと同じ原理です。

コート剤を一切止めることで、二枚爪が改善しなかった人はいませんでした。コート剤で爪が改善すると多くの人は思っていますが、逆にコート剤を止めたら改善するのです。

私がネイルカラーを塗っていたころは、「コート剤を塗り重ねることで、二枚爪が改善する」と、ずっと信じていました。お客さまにおすすめさえしていたお手入れ法でした。二枚爪になったら、毎日1回ずつ上からベースコートを塗り足し、1週間たったら除光液ですべて落として、またベースコートを日々塗っていくようにと、お伝えしていたのです。

私が化学物質過敏症になっていなければ、今でもそう伝えていたと思います。

第3章

美爪は誰でもつくれる

THE RULE OF IKUZUME

18

目指すは桜色のクリアネイル

ここからは実際に美爪を育てる方法をお伝えします。

育爪は、飾ったり、隠したり、人工物で補強したりするのではなく、素の爪を自分で育て、健康で美しい爪にするお手入れ方法です。

「健康的で美しい爪」には次の5つの特徴があります。

1. 爪と爪周りの皮膚が潤っている
2. 爪に弾力がある
3. 爪先が緩やかな弧を描く楕円形
4. ピンク部分が指の先端まであり立体的
5. 爪先が透明

この5つを兼ね備えた爪は、魅力的で美しい爪に感じられます。それぞれについて説明していきます。

1．爪と爪周りの皮膚が潤っている

最初に目指すのは、爪と爪周りを潤った状態にすることです。

なぜなら、オイルを一度塗るだけで、それがすぐに実現するからです。

「こんなに簡単に見た目が変わるんだ」とわかると繰り返し塗りたくなります。

そして、爪に塗ったオイルの余りを手全体に塗り伸ばすことで、手全体が潤いみずみずしく見えます。たった一度で指先の血行が良くなって、ピンク部分があざやかな桜色になります。

爪の縦すじも、爪周りの甘皮や薄皮も、乾燥していると白くなって目立ちます。

しかし、オイルを塗ると一瞬で、先ほどまで乾燥していた白い部分がどこだったのか、わからなくなってしまいます。そして何より、一瞬でツヤツヤになった爪を見て嬉しくなり、爪をお手入れするのが好きになる人が多いのです。

こうして、爪がキレイになる好循環が始まります。

【ケア方法】乾燥を感じたら、オイルを爪裏から塗り、水と混ぜて乳化させ、爪、指、手全体に塗る。

2. 爪に弾力がある

爪は乾燥している状態だと、物とぶつかって少し衝撃が加わるだけで、亀裂が入ります。亀裂をそのままにしておくと、そこに糸や物が引っかかってさらに欠けるという二次被害に発展するため、紙やすりで整えてなめらかにします。するとそのぶん、爪は短くなります。

「爪を伸ばしているけど、すぐ割れてしまい、なかなか伸びない」という人はこのパターンに陥っています。

すぐに亀裂が入ったり欠けたりするのは、爪が乾燥していて、弾力がないからです。オイルと水を混ぜて乳化させたものを1日に何度も塗っていくと、爪がいつも油分と水分を含んでいる状態になり、爪に弾力が出てきて、以前とは比べ物にならないくらい、丈夫な爪になっていきます。

爪に弾力があると、衝撃が加わったとしても、爪がしなって衝撃を吸収するからです。

【ケア方法】 1日に何度も、オイルを爪裏から塗り、水と混ぜて乳化させ、爪、指、手全体に塗る。乾燥を感じていなくても、思いついたらすぐに塗る。

3. 爪先が緩やかな弧を描く楕円形

爪先の形をスクエアオフでもなく、ラウンドでもなく、緩やかな楕円形のカーブにします。その形を私は「アークスクエア」と呼んでいます。

楕円形は、2種類の異なるカーブでできています。

1つはきついカーブ、もう1つは緩やかなカーブです。その緩やかなカーブが、アークスクエアです。一見、真っ直ぐのように見える、とてもなだらかなカーブです。

アークスクエアの利点は3つあります。

1つ目は、錯視効果で、平たい爪でもキレイな立体的な爪に見えることです。

2つ目は、爪先のカーブとサイドとの間の角度が95～100度ほどあり、爪先が何かに当たっても滑って衝撃を受け流してくれるため、爪がダメージを受けにくいことです。

3つ目は、ピンク部分が爪の先の左右両端まで伸びやすいことです。

爪先の形を三角にして尖らせてしまったり、ラウンドの形にしてしまうと、爪の習性でピンク部分も爪と同じような形になり、爪が立体的になるために必要な爪先の左右両端のピンク部分がはがれてしまいます。

　ピンク部分が爪先の左右両端まで伸びると、爪を正面から見たときに指の丸みに沿ってアーチを描くようになり、平らだった爪が立体的になっていきます。

【ケア方法】爪の形を紙やすりでアークスクエアに整える。

4. ピンク部分が指の先端まであり立体的

スクエアオフとアークスクエアの５つの違い

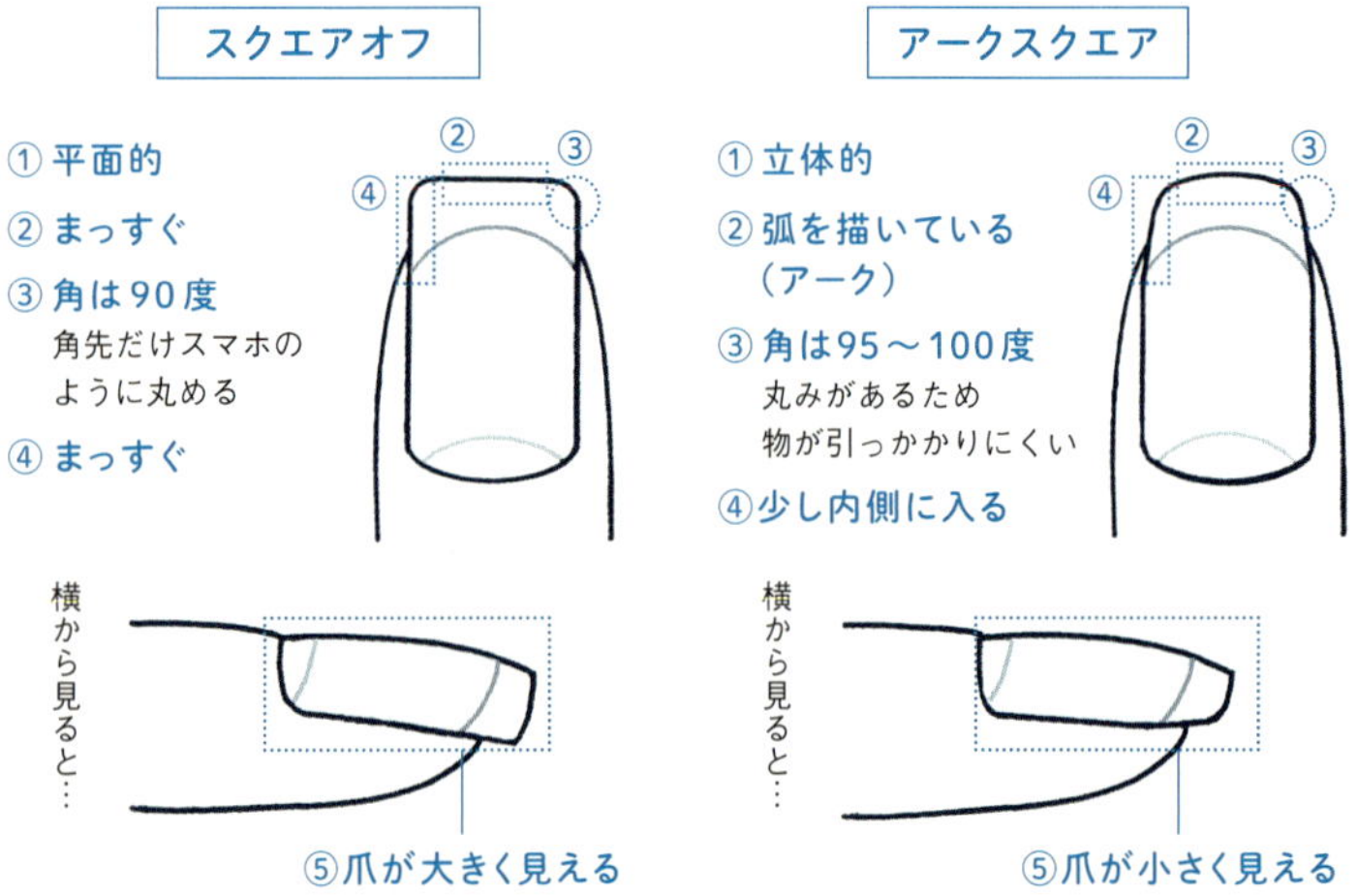
スクエアオフ
①平面的
②まっすぐ
③角は90度
角先だけスマホのように丸める
④まっすぐ
横から見ると…
⑤爪が大きく見える
アークスクエア
①立体的
②弧を描いている（アーク）
③角は95〜100度
丸みがあるため物が引っかかりにくい
④少し内側に入る
横から見ると…
⑤爪が小さく見える

爪の形を変えるには、ピンク部分が指の先端まで長く伸びているのが必須です。

ピンク部分が長くなることなしに、爪の形は変えられません。そして、ピンク部分を長くするには最初に爪先の白い部分を長くする必要があります。

ピンク部分とは、爪と指が密着した部分です。爪が伸びて、爪の下にある皮膚と爪が密着したものが、ピンク部分になります。

このため、爪を伸ばさないでピンク部分を長くするのは不可能なのです。

爪をいつも油分と水分をたっぷり含んだ弾力のある状態に保ち、ひび割れたり欠けたりしにくい環境にしておくことが大切です。

ピンク部分は、爪の中央から拡大し、次に指の左右両端に向かって拡大していきます。

このときに、爪先の形を尖らせ、爪先両端を斜めに整えてしまうと、ピンク部分は左右両

一般的なその他のカット

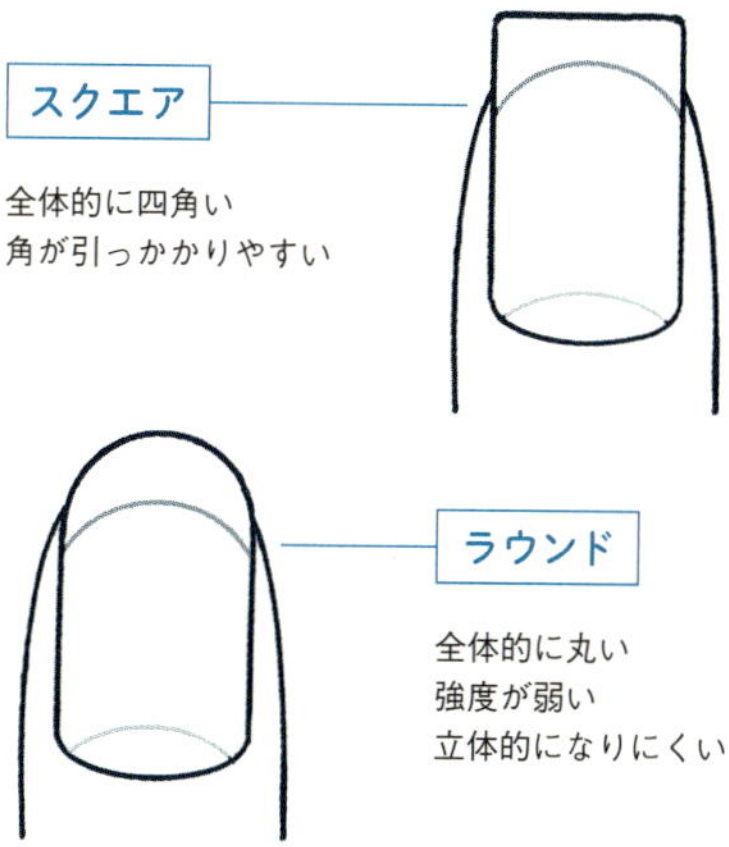

スクエア
全体的に四角い
角が引っかかりやすい
ラウンド
全体的に丸い
強度が弱い
立体的になりにくい

端に向かって拡大していかなくなります。

なぜなら、爪の習性で必ず白い部分ができるからです。

爪先を尖らせず三角にしなければ、ピンク部分も三角にはなりません。

アークスクエアの形にすれば、爪先両端にピンク部分が拡大していきます。

爪先の白い部分が2ミリ未満になると、爪の習性でピンク部分が減って白い部分が増える傾向があります。爪先の白い部分は最低2ミリ以上残すようにしてください。

逆に白い部分が5ミリを超えると、長すぎて爪先が物に当たりやすくなるため、ピンク部分がはがれやすくなります。

また、爪切りを使うと、湾曲している爪をまっ平に引き伸ばして裁断することになるため、その際にピンク部分がはがれてしまう傾向があります。ピンク部分を育てるためにも爪切りはおすすめしません。

【ケア方法】・爪を当てない指の使い方を習慣にする。

・爪切りを使わずに紙やすりで長さと形を整える。

・爪先の白い部分は2ミリから5ミリの間に整える。

・爪先の形をアークスクエアにする。

5. 爪先が透明

最終的に目指すのは、爪先が透明なクリアネイルです。オイルを一度塗れば、しばらくは爪と爪周りが潤っている状態が続きますが、オイルを1日に7回以上塗るのを1ヵ月くらい続けていくと、爪先が透明になっていきます。そうなると、普段から爪に意識が向いているため、爪を当てない指使いも習慣になっているので、ピンク部分も指先まで増えていることでしょう。

この状態になったみなさんが感じることですが、爪先が透明になると、カラーリングやジェルネイルをしなくても素の爪がキレイなクリアネイルになるので、カラーリングやジェルネイルをしたいという欲求がなくなっていくようです。

自分で見てもキレイですし、周りの人からもキレイな爪のもち主という認識になるので、お手入れをするのがますます楽しくなっていきます。

【ケア方法】 1日に7回以上、オイルを爪裏から塗り、水と混ぜて乳化させ、爪、指、手全体に塗る。

THE RULE OF IKUZUME

19

どんな爪でもクリアネイルになる

多くの場合、爪の先は白く不透明です。でも実は、乾燥しているから白く見えるのであって、水分や油分で保湿されている状態では透明です。

「爪床《そうしょう》」と呼ばれる爪の下にある皮膚から水蒸気が出て、爪に水分が供給されています。爪と指が密着している部分は、爪床から供給された水分をたっぷり含んでいるので爪が透明度を保ち、血液の色が透けて見えてピンク色に見えます。

一方で、爪と指が密着していない部分は、爪床から水分の供給が断たれるため、透明度を維持することができず、白く不透明になります。

では、なぜ白い部分に水分が供給されると透明になるのでしょうか。

爪には目には見えない無数の隙間があり、表面にも内部にも凸凹があります。乾燥した状態では、この凸凹によって光が直進できず、乱反射するため白く見えます。

反対に、爪が水分や油分で十分に保湿されていると、目には見えない隙間が水分や油分で満たされて平滑《へいかつ》になり、光が直進できるようになります。このため透明になります。

表面がザラザラした曇りガラスが水で塗れると透明になったり、逆に無色透明な氷の塊を削ってかき氷にすると白く見えたりするのと同じ原理です。

オイルを1日に7回以上塗って保湿をすると、白い部分がだんだんと透明に変わっていきます。爪の状態にもよりますが、早い人では1ヵ月半ほどで、素の爪がクリアネイルになります。

注意してほしいのは、コート剤の使用です。

毎日、しっかりオイルでケアしていたとしても、一度でもコート剤を塗ると、また振り出しに戻って乾燥した爪になる場合があります。

コート剤は、想像以上に爪を乾燥させてしまうのです。

育爪を始めたら、コート剤はしばらくお休みしてください。きっと変化に驚くはずです。

THE RULE OF IKUZUME

20

美爪をつくる3ステップ

育爪は素の爪をきれいな「美爪」に育てていく方法です。

育爪のステップは次の3つです。

STEP❶ 紙やすりでアークスクエアに整える

爪切りを使うと、二枚爪になりやすくなります。直線的な刃で湾曲している爪を切ると、3層になった爪の断面がバラバラになってしまうからです。育爪で使うのは、素の爪用の紙やすりです。爪切りを紙やすりに変えるだけでも、二枚爪になりにくくなります。

アークスクエアに整える目的は2つあります。1つは、爪の長さに関わらず、錯覚効果で爪をキレイに見せるため。もう1つは、ピンク部分を指先の両端部分にまで拡大させて、爪をより立体的にするためです。紙やすりで爪を削るのが楽しいという方も多いです。

STEP❷　オイルと水を乳化させて保湿する

美爪にするにはオイルケアが欠かせません。オイルを塗るのは、爪のトラブルのほとんどの原因となっている乾燥を防ぐためと見た目を美しくするため。そしてやる気を持続させるためです。**オイルを毎日5回以上爪に塗ることで、爪は保湿されて弾力が出るため、衝撃があっても割れにくくなります。**また、白い部分が透明になっていきます。**クリアネイルを目指す場合は、オイルを毎日7回以上塗る**ことをおすすめしています。

また、オイルを爪先にもみこむ際に、爪先がマッサージされます。マッサージをすることで血行もよくなり、リラックスできます。

STEP❸　爪を当てない指使いをする

美爪の条件はピンク色の部分が多いことです。爪を道具のように使ったり、爪を物に当てたりすると、爪と爪の下の皮膚の部分がはがれて、白い部分が増え、ピンク部分が減ってしまいます。普段から指の使い方に気をつけたり、これまで爪でやっていた動作を道具を使って行ったりすることで、爪がはがれるのを防げます。

THE RULE OF IKUZUME

21

STEP 1

爪を紙やすりでアークスクエアに整える

爪用の紙やすりを用意する

美爪にするために使うのはネイルファイルと呼ばれている爪用の紙やすりです。

紙やすりは、動かすスピードや力の入れ方を加減しやすいため、爪を短く切りすぎたり、指先を傷つける心配が少ないのです。ガラス製や金属製、芯材が木製のエメリーボードと呼ばれるやすりは、爪より硬い素材なのでおすすめしていません。爪に強く押し当てすぎると、爪や爪母にダメージを与える可能性があります。また、思いがけず削れすぎて、いびつな形になったり、短くなりすぎたりする可能性があります。

爪用の紙やすりは、目の粗さを示すグリット数があります。

グリット数が小さいほどきめが粗く、ざらざらしています。数が大きくなると、きめが細かく、ざらざらした感じも少なくなります。

用意するのは、きめの粗いものと、細かいものの2種類です。

きめの粗いほう（180〜240グリット）は、爪の長さを整えるときや、カーブやサイドなどおおまかな形をつくるときに使います。長さを整えるときは、一方向にだけにゆっくりと動かします。速く往復引きすると削りすぎてしまったり、爪が弱い人には衝撃が強すぎて二枚爪になりやすくなります。

きめの細かいほう（280〜400グリット）は、大まかな形が整ったあと、断面を整えるのに使います。

本書に付録の紙やすりは洗って繰り返し使えます。使用したあとは、液体せっけんをつけて、歯ブラシなどの小さなブラシでこすったあと、よく水洗いして乾燥させます。濡れたまま使うと砂が取れやすくなり、使える回数が減ります。このため完全に乾燥させてから使ってください。

付録の紙やすりはプリントのない面が240グリットで爪の長さや形を整えるときに使い、プリントのあるほうが400グリットで爪の断面を整えるときに使います。

爪を整える

❶長さを整える

最初に爪の白い部分を何ミリ残すか決めます。ピンク部分を減らさないためには、2〜5ミリが理想です。対象となる指を、ゆれないように、隣の指などでしっかり固定し押さえます。そして、紙やすりを爪に密着させてゆっくり動かします。動かし方は、一方向だけにゆっくりです。粗い紙やすりは多く削れます。削りすぎないように「ゆっくり、一方向」を守ってください。爪が短く、削るところがない場合は、爪の断面を平らにしてギザギザの部分をなくしてください。

爪を整えるときの紙やすりの動かし方

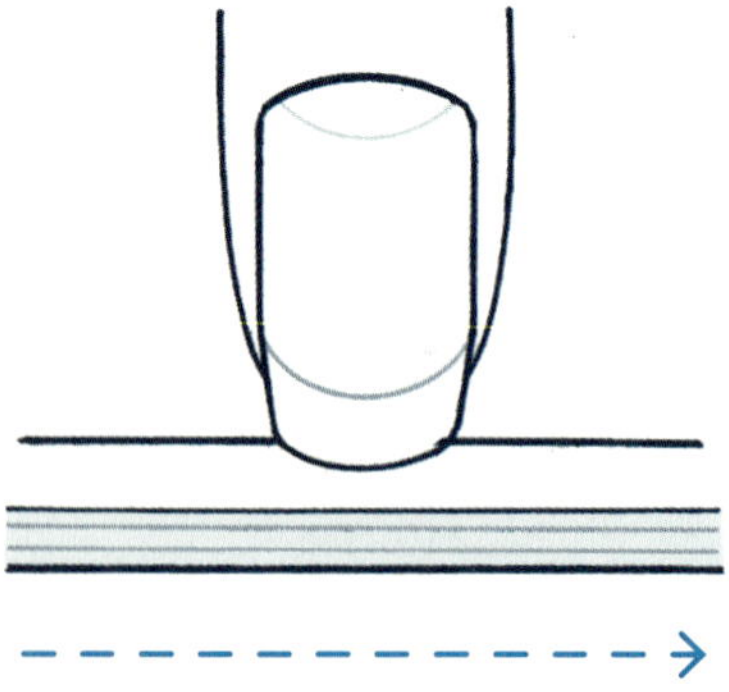

残す長さを決める

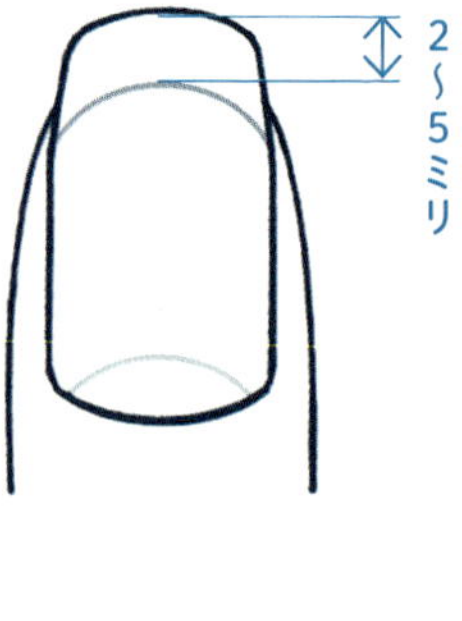

❷カーブをつくる

長さを整える作業より、力を抜いてゆっくり動かし、弧を描く楕円の形にしていきます。角を削りすぎて、丸くならないように注意します。爪を天井に向けたほうが削りやすいです。

カーブをつくるときの紙やすりの動かし方

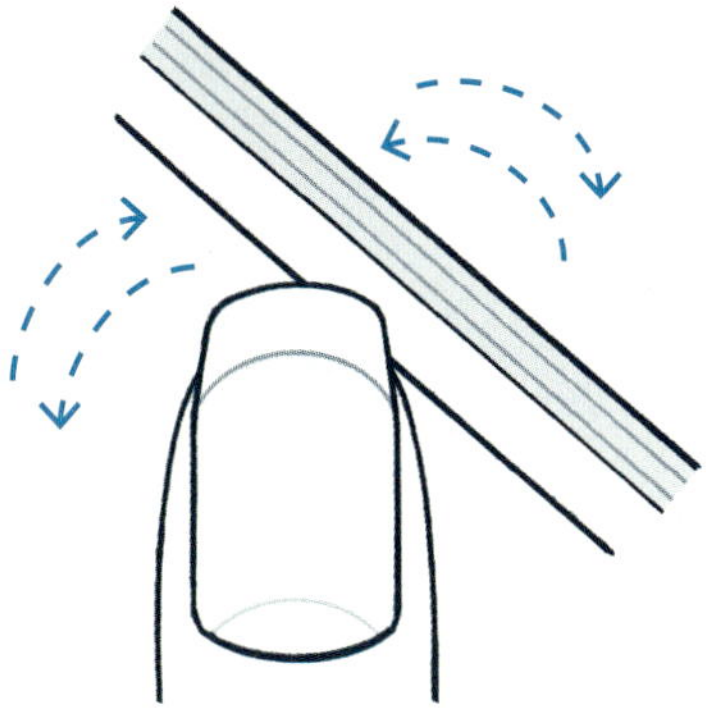

カーブの確認の仕方

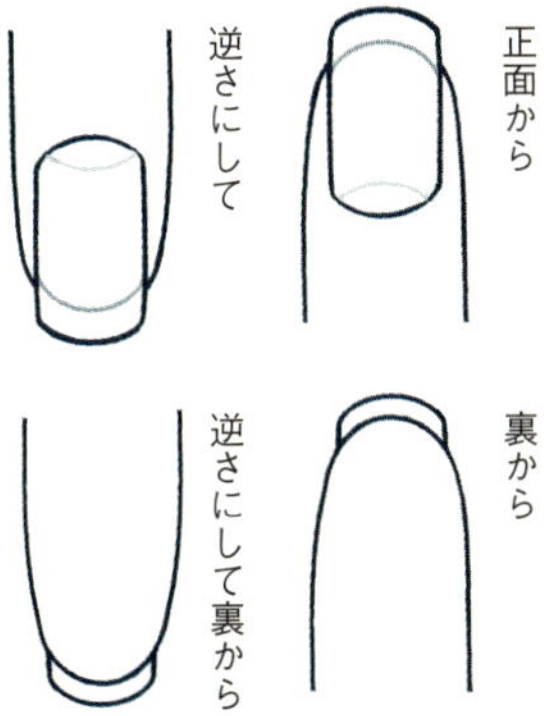

4方向からチェックする

❸ サイドを削る

爪は側面から見るとサイドにも伸びているのがわかります。サイドは伸ばすと、物に引っ掛かりやすくなり、爪が割れる原因になりますので、伸びたぶんだけ削っていきます。とても小さな面積を削るので、❷の作業よりもゆっくりといつでも止まれる速さで紙やすりを動かして、少しずつ削ります。

サイドを削るときの紙やすりの動かし方

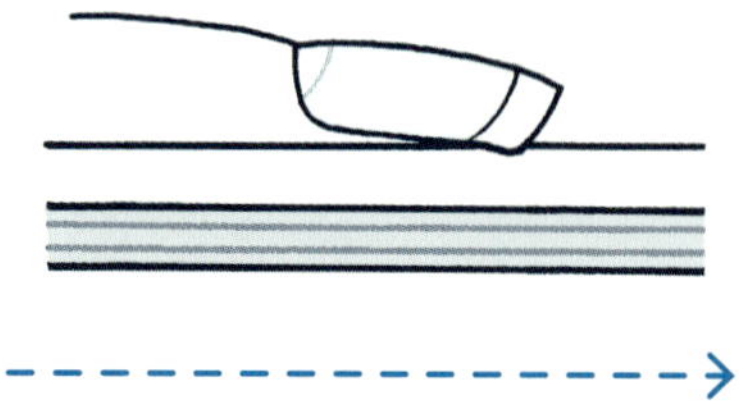

サイドの削り方

水平にまっすぐ削る

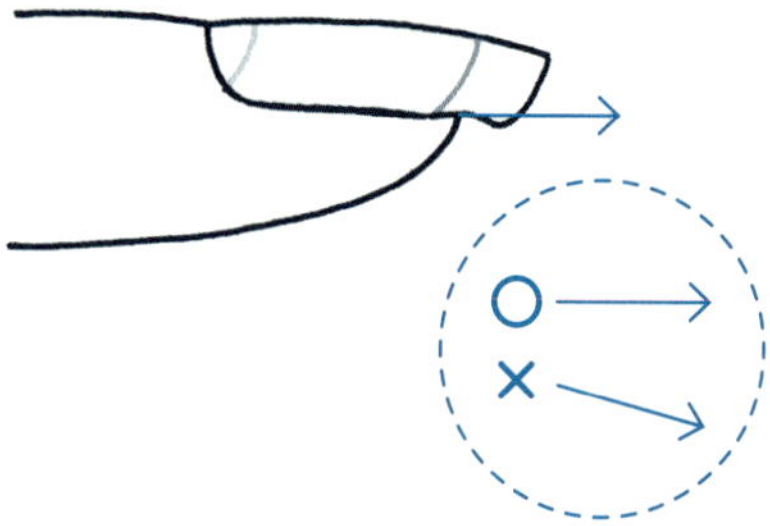

端から爪先の方向に
ゆっくり紙やすりを動かす

❹ 角を整える

長さとカーブ、サイドを削ると、爪の両側面の先に角ができます。

できた角に紙やすりを当てて、やすりの5～10ミリほどの小さい範囲をL字の形にゆっくりと往復させながら動かし、物が引っかからない程度に丸みを帯びた

側面から見た爪の
サイドの伸び方

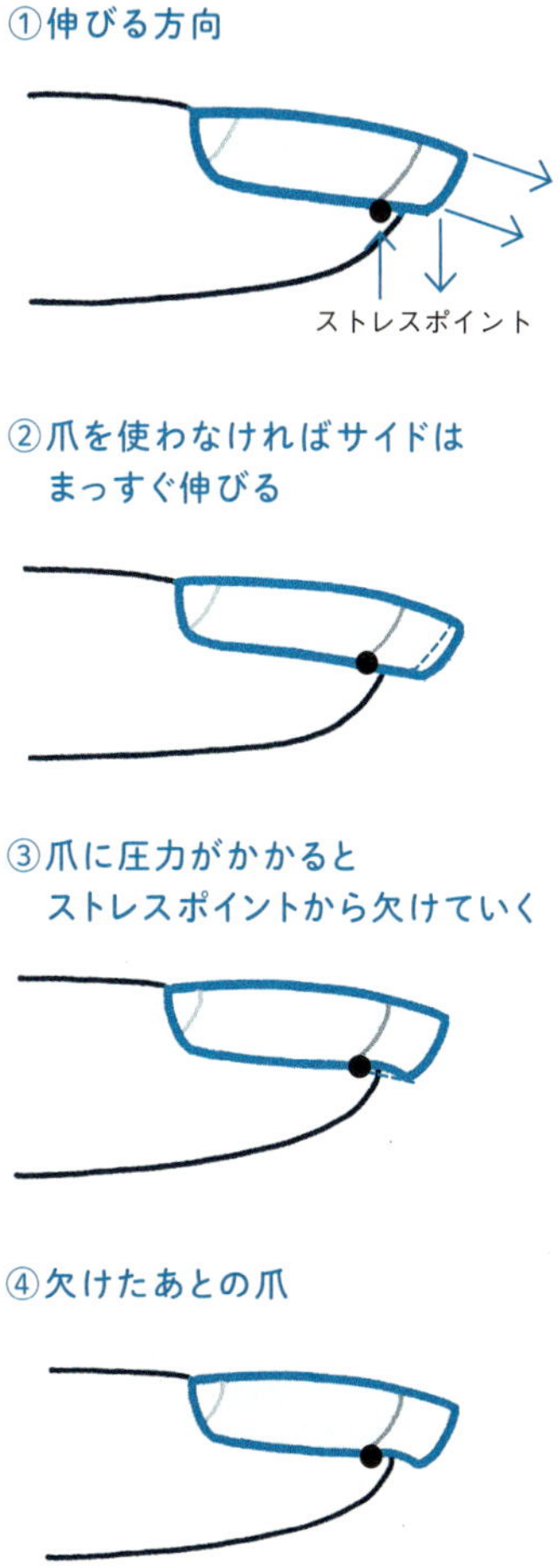
①伸びる方向
ストレスポイント
②爪を使わなければサイドはまっすぐ伸びる
③爪に圧力がかかるとストレスポイントから欠けていく
④欠けたあとの爪

角を整えるときの
紙やすりの動かし方

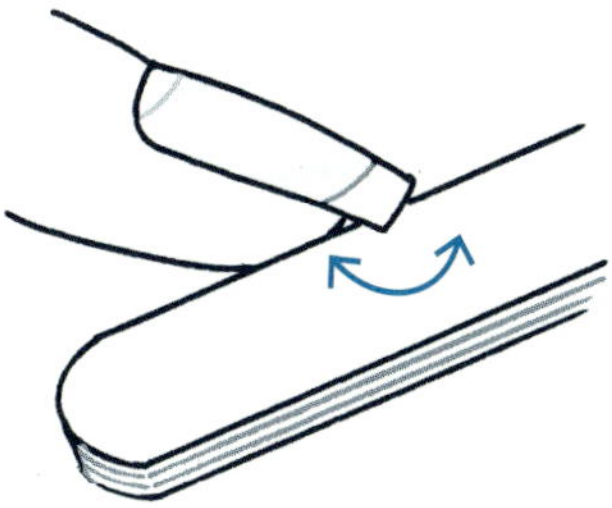

形に整えます。95～100度のスマホの角より大きなゆるやかな角にしてください。

❺バリを取り除く

爪は3層の線維でできているため、爪の先端を削ると、断面に線維のカスのようなものが出てきます。これを「バリ」と言います。かんたんに言えば、爪の切りそこねです。ぬるま湯に爪を10秒ほどつけると浮き上がってきますので、細かい目の紙やすりや濡らしたコットンで取り除きます。薄皮が気になる場合は、ぬるま湯につける時間を1～2分と長くすると、薄皮がふやけて取りやすくなるので、コットンで一緒に拭き取ってもいいでしょう。

❻爪の断面を整える

丸みをおびた形に整える

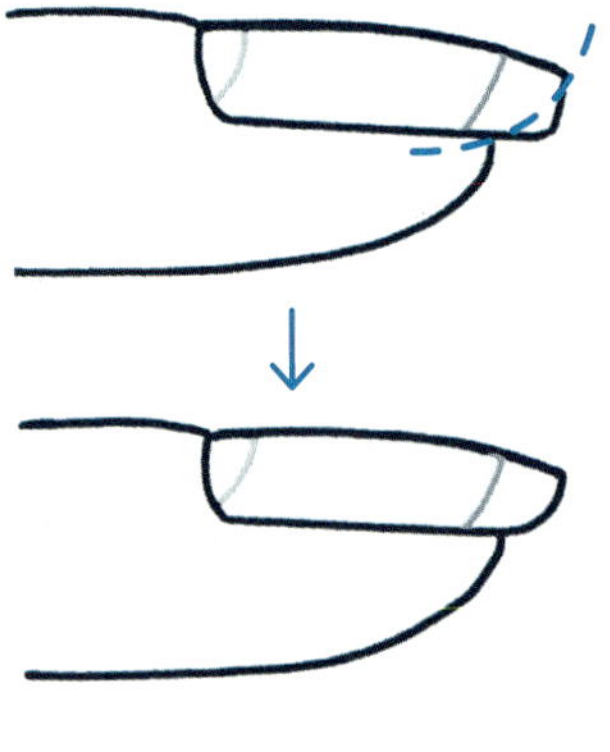

目の細かい紙やすりに変えて爪の断面と表面の角を整えます。ここでまだバリが残っていたら、紙やすりを爪に水平に動かすと取れます。

指の腹で爪の断面をさわって、ギザギザしたところがないか確認し、あれば少しずつなめらかにしていきます。仕上げをすることで、「ギザギザが洋服の繊維に引っ掛かり、二枚爪になったりする」のを防ぎます。

表面の角を整えるには、下図のように断面の上側部分をやすりで上から下へ軽く動かしていくとなめらかになります。

爪の表面の角の整え方

① 紙やすりの中央をAに置く。角度は45度
② 紙やすりの重さだけが爪先にかかる状態で紙やすりを1センチ手前に引く
③ 紙やすりを爪から離して左に少し移動し②を行う。Bまで②③を繰り返す

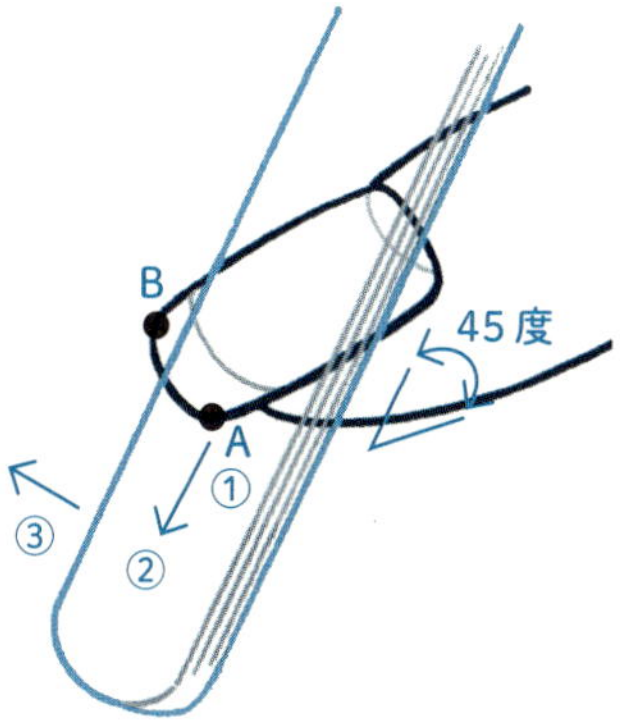
B
A
45度
①
②
③

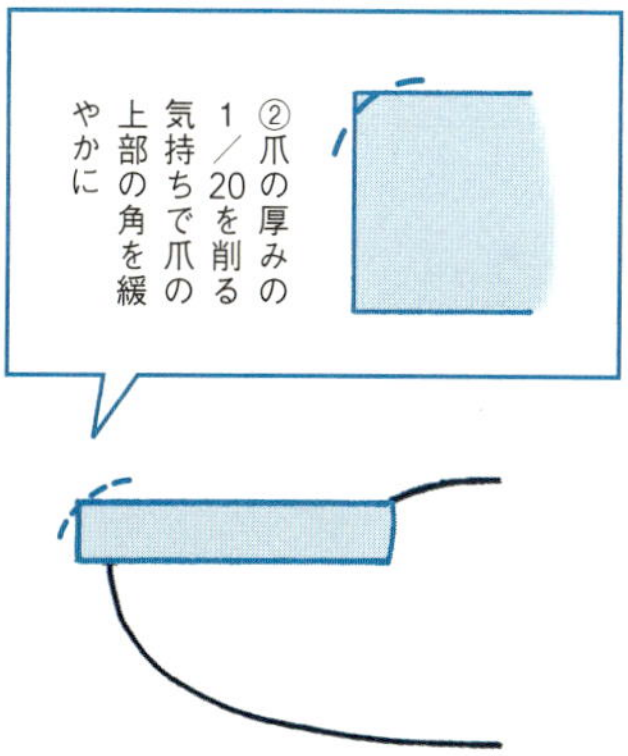
②爪の厚みの1／20を削る気持ちで爪の上部の角を緩やかに

早速削ってみましょう

削るときは、必ず、爪がしっかり乾いた状態で始めます。

爪が湿っていると、紙やすりを爪に当てたときにフニャフニャと曲がって削りづらくなるため、オイルを塗った直後や入浴直後などは避けるようにします。

爪を整える手順は、「①長さを整える」「②カーブをつくる」「③サイドを削る」「④角を整える」「⑤バリを取り除く」「⑥爪の断面を整える」の6つの工程です。①から④までの工程は、1本の指ずつ行ってもいいですし、慣れてきたら、すべての指の①を行ってから、すべての指の②を行うというふうに、いち工程ずつ行ってもいいでしょう。その後、⑤と⑥の工程に移ります。

また、1日にすべての指をやる必要はありません。**1日に1本ずつでもいいです**し、片手ずつ2日に分けてもかまいません。最初はどうしても時間がかかってしまいますので、空いた時間を見つけてゆっくり挑戦してください。具体的な方法は、巻末に写真つきで紹介しています。

THE RULE OF IKUZUME

22

STEP❷ オイルと水を乳化させて保湿する

オイルは爪の裏側から垂らす

爪のほとんどのトラブルの原因は乾燥や摩擦によるものです。そのため、美爪づくりには保湿のためのオイルケアは欠かせません。

オイルを塗ることで、爪は反射できれいに見えますし、潤った爪先はクリアに見えます。何よりオイルを塗ると、爪に弾力が出て丈夫になり、折れにくくなります。

オイルは次の手順で塗ります。

1 指先を上に向けて、爪の裏側と指の間にオイルを垂らす。両手の指すべてにオイルをつける。

2 指先を上にしたまま手の甲を自分に向ける。爪の左右両側の指との境い目にオイルが流れ落ちて甘皮部分に溜まっていくのを確認する。

3 片方の手の指先全体でもう片方の手の指先全体をつかむようにかぶせて、もむようにすり合わせる。手を交代し、同様の動作を繰り返す。左右のすべての指の甘皮と爪表面にオイルを塗り込む。爪の表面と裏側、爪全体にオイルを行き渡らせる。

4 片方の手のひらに、1円玉くらいの大きさに水を垂らす。

5 反対側の手の指先で、指についたオイルと水を混ぜ合わせる。水の中に細かい粒子となったオイルが分散し、水とオイルが混ざり合う（「乳化」という）。

6 乳化したオイルを手の甲など全体に塗り込み、なじませる。乳化させることでより浸透しやすくなる。保湿力も高まり、より長く乾燥を防ぐ。

7 両手の指と指を交差させて、指の間もしっかりオイルを塗りこむ。乳化させたオイルはよく浸透するため、ベタつきが少なくなる。もし、ベタつきが気になる場合は、ティッシュを軽く当てる。

オイルを塗るときに大切なのは、必ず、爪の裏側から垂らし、ストレスポイントなど爪の両サイドに流れるようにすることです。爪はストレスポイントからひび割れることが多いので、オイルで保湿しておくことで、ひび割れができにくくなります。

手全体にオイルをつけるのは、見えないオイルのベールを1枚かぶせるようなもの。手指が何かとこすれても、オイルが潤滑油となって、皮膚が裂けるのを防いでくれます。

いつオイルを塗ればいい？

オイルを塗るのは、1日5回以上がおすすめです。できれば、習慣化するために、いつ塗るかを決めておくといいかもしれません。塗るタイミングは、食前がおすすめです。食事は最低でも15分はかかります。その間に塗ったオイルがなじんで表面上はなくなります。「出かける前に塗る」となると、塗ったあとに衣類やバックをもってオイルがつく可能性があるので、どうしてもオイルを塗るのを敬遠しがちになり、習慣化するのが難しくなります。

食前の3回に加え、朝起きてすぐ、夜お風呂から出たときの5回が私のおすすめです。

「○時間おきに塗る」というようなルールはありません。間隔をあけなくても大丈夫です。たとえば、テレビを見ている間にCMのたびに塗る、仕事中にトイレやお茶で休憩するたびに塗る、などでも大丈夫です。**1日5回以上塗っておくと、常に爪が潤っている状態になり、乾燥や摩擦による爪のトラブルを予防する**ことができます。**爪先をクリアネイルにしたい、透明にしたい場合は、1日7回以上をおすすめしています。**7回以上にすると、クリアになる確率が高くなる傾向があります。

オイルを塗ることが習慣になってくると、自分の基準が変わってきます。これまで、乾燥していることにすら気づいていなかったとしても、一度オイルで爪や手がツヤツヤになって、薄いベールで保護されている心地よさを実感すると、乾燥している状態と保湿されている状態の違いが体でわかるようになります。乾燥してくるとすぐに気づくようになって、オイルで保湿したくなります。

オイルを選ぶときの5つの基準

爪に塗るオイルですが、まずは、すでに自宅にあるごま油やオリーブオイルなどの食用植物油がおすすめです。植物油は、原産地では古くから食用だけでなく、体に使われてきた歴史があります。とくにごま油は、5000年以上の歴史をもつ伝統的医学アーユルヴェーダで体に塗られてきた実績があります。

ただし、**どんな植物油であれ、人によってはアレルギー反応が出る場合があるので、腕などの皮膚に少量塗ってみて、異常がないかよく注意して観察してください。**異常を感じたり、皮膚に合わないと感じた場合はそのオイルは使わないようにしてください。

オイルは、100円ショップなどで売られているオイル用ドロップポンプや、化粧水の携帯用詰め替え容器などに小分けにすると便利です。

オイルによって、塗り心地、なじみやすさ、ベールの厚さ、香りがまったく異なります。たとえば、コーヒーと言ってもいろいろなコーヒーがあるように、同じ植物を原料とするオイルですら違いがあります。自分に合ったオイルを探すのは、まるでコーヒーやワインや日本茶の飲み比べをするように、とても楽しいものです。

体に塗ったオイルの成分の一部は、皮膚を通過して毛細血管に吸収されるので、次の基準でオイルを選ぶことをおすすめしています。

1. 遺伝子組み換えでない原料
2. 有機栽培または無農薬栽培
3. ブレンドしていない単一オイル
4. 低温で圧搾している
5. 価格に違和感がない

遺伝子組み換え作物は、害虫が食べると消化液で分解されて毒素に変わり、虫が死ぬという仕組みです。人体への影響はまだ明らかになっていないことが多いため、おすすめしていません。遺伝子組み換え原材料を使っているかどうかは、オイル会社のウェブサイトで公開されています。

農薬や化学肥料の成分が体内に蓄積されていくと、人体に影響があることが明らかになりつつあります。このため、できるだけ農薬や化学肥料の使用が少ない方法で育った原材料や、有機栽培や無農薬栽培、自生している原材料でつくられたオイルをおすすめしています。

単一オイルとは、1種類のオイルだけでできているという意味です。

食品でたとえるとわかりやすくなります。

たとえば、オリーブとぶどうの種子のオイルがブレンドされている場合、オリーブとぶどうの種が生産された国も、収穫された時期も異なります。このため1種類では発生しない、保存状態、輸送状態、鮮度を考慮する必要がでてきます。また、異なるもの同士が混ざっているため、味や香りに異常があるのかないのか、品質が良いのか悪いのか、確認が難しくなります。ぶどうが原料のワインと、米が原料の日本酒がブレンドされていたら、品質がわからないのと同じです。無農薬の新潟県魚沼産コシヒカリの新米があったら、ほかの産地のお米や、別の品種のお米と混ぜて食べる人は少ないと思います。

オイルの製造法には、大きく分けると溶媒《ようばい》抽出法と圧搾《あっさく》法があります。

溶媒抽出法は、有機溶剤のノルマルヘキサンで油分を溶かし出し、その後に高熱で有機溶剤を揮発させ、不要なものを精製して取り除いてオイルを得ます。植物のもつ酵素は熱で破壊されるため、有効な成分が失われます。また、揮発させるとはいえ、人体に有害な有機溶剤を使用している点が気になるため、おすすめしていません。

圧搾法には、加熱することで搾《しぼ》り取れる量を多くする通常の圧搾と、コールドプレスとも呼ばれる低温圧搾の2種類があります。ごま油は、蒸煮《じょうしゃ》という加熱をするのが一般的ですが、なかには、加熱を一切せず、酵素が破壊される温度に達しないようにゆっくりと時間をかけて搾り取る低温圧搾でつくられたものもあります。

植物から油をとるには、大量の植物が必要です。米油600グラムに必要な米ぬかは4・3キログラム（必要な玄米は10倍の43キログラム）、大豆油600グラムに必要な大豆は3・2キログラム、菜種油600グラムに必要な菜種は1・6キログラムだそうです。1キログラムあたり数百円といった、必要な原材料の量に比べて、価格が安すぎると感じるオイルは、おすすめしていません。

薄皮を拭き取ってささくれの原因を防ぐ

オイルでのお手入れのほか、必要であれば薄皮を拭き取りましょう。薄皮を拭き取ることで、薄皮と甘皮がつながってできるささくれを防ぐことができます。ぬるま湯に指先を1～2分つけ、薄皮をふやかします。水で湿らせたコットンを親指に巻きつけ、反対側の手の薄皮を爪の根元に向かって少し押すようにして拭き取ります。5本指すべて終わったら、反対側の手も同様に行います。

THE RULE OF IKUZUME

23

STEP③ 爪を当てない指使いをする

指の腹や関節、手のひらや腕を使う

ピンク部分を伸ばしたいときに、一番大切なのは、指先の使い方です。

ポイントは2つあります。**1つは、爪を物に当てない指の使い方をすること**です。爪を当ててしまうと、負荷がかかり、ピンクの部分がはがれてしまいます。

もっとも気をつけてほしいのは、柔らかいものをつかむときです。硬いものを触るときは、ある程度、予想がつくので爪に気を使います。たとえば、スマホをつかむときは、爪を当てたら割れるかもしれないとわかるから、指の腹でしっかりつかみます。けれど、ベッドのシーツを外《はず》すときや、羽毛布団をもち上げるときは、対象物が柔らかいので気を使

いません。「布だから大丈夫」という思い込みがあるからです。でも、それが一番危ないのです。

たとえば、**布団を押し入れにしまうとき**、両手でわしづかみにしてもち上げることはないでしょうか。この場合、布団の重みで爪先に相当圧力がかかります。爪先がそり返るようになり、ピンク部分がはがれることもあります。

一方で、畳んだ布団の一番下に腕ごと手を差し込んで、手のひらと腕でもち上げて移動すれば、爪先がどこにも当たらないので、まったく圧力がかかりません。

洗濯機から脱水が終わった洗濯物を取り出すときも要注意です。多くの人は、

爪を当てない指使い①［フタを開ける］

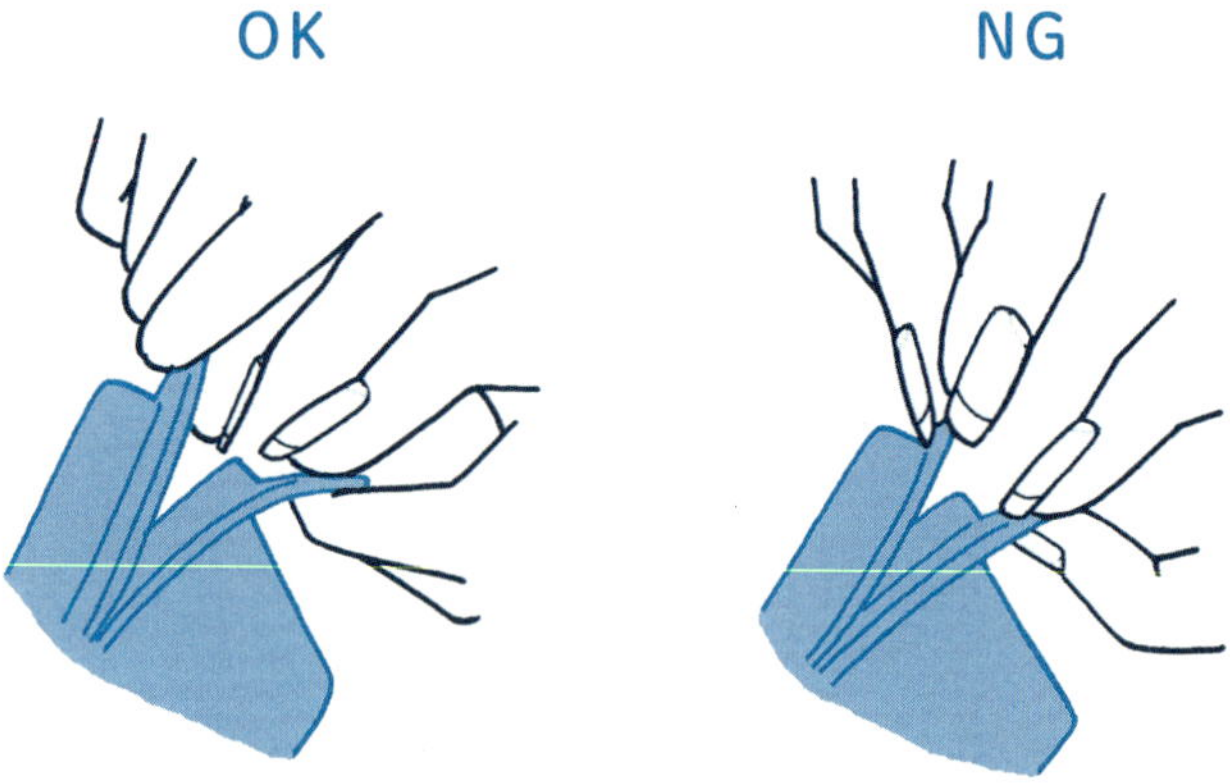

洗濯機の中にガッと片手を入れて、団子状のからまった洗濯物をつかんでもち上げています。これも、布団のときと同様に爪先がそり返ってピンク部分がはがれる場合があります。爪を傷めないためには、洗濯機の中で、指の腹を使って洗濯物をバラバラにほぐしてから、1つずつ、カゴに入れるようにします。

また、**エレベーターのボタンや照明のスイッチを押すとき**も、指先で押すと自覚なしに爪が当たって、亀裂が入ることがあります。指の関節を使ってゆっくり押すと、爪への負荷がありません。

指の腹や関節、手のひらや腕を使うことで、爪が物に当たらず、ピンク部分が

爪を当てない指使い②［ファスナーを開ける］

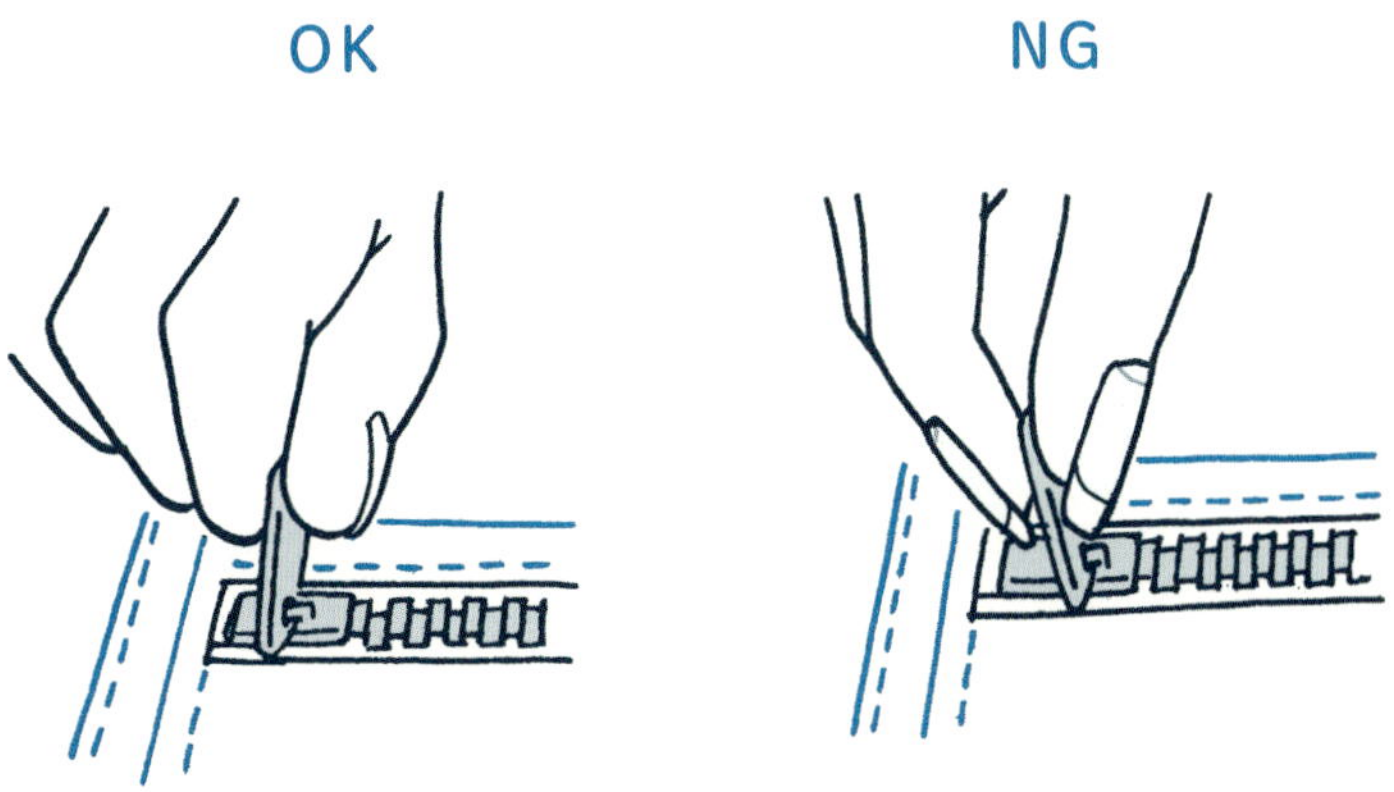

はがれずに逆に増やすことができます。

爪を道具にしない

2つ目のポイントは、爪を道具の代わりにしないこと。

たとえば、爪先でペットボトルのフィルムをはがす。缶のプルタブを爪でもち上げる。このように**爪を道具にしていると、爪に亀裂が入ったり、ピンク部分がはがれる原因に**なります。**爪を使わずにほかのもので代用すればOKです。**具体的な代用方法は、巻末に写真つきで紹介しています。

爪を当てない指使い③［キャップを開ける］

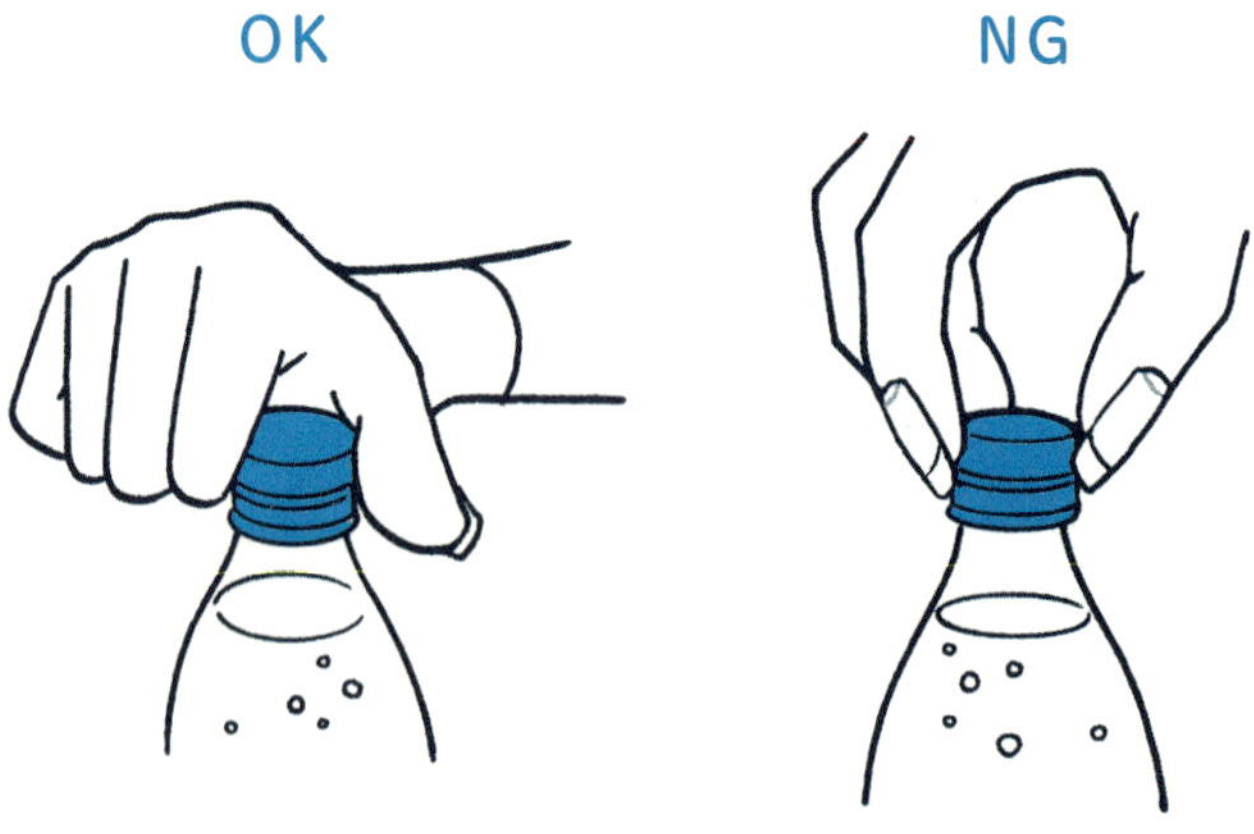

行動を自覚する

爪を当てない指使いを簡単に習慣化する秘訣があります。それは、**自分の行動を振り返って、どの動作で爪が傷んだかを確認する**ことです。

爪にゴミが入ったら、なぜゴミが入ったのかを考えてみます。自分の行動を振り返って、理由がわかれば、次から気をつけることができます。

髪の長いお客さまが、右手の人指し指と中指と薬指だけ、どうしてもピンクが増えなくて悩んでいました。そこで、手を使う行動を振り返ってもらうと、髪

爪を当てない指使い④［部屋の電気をつける］

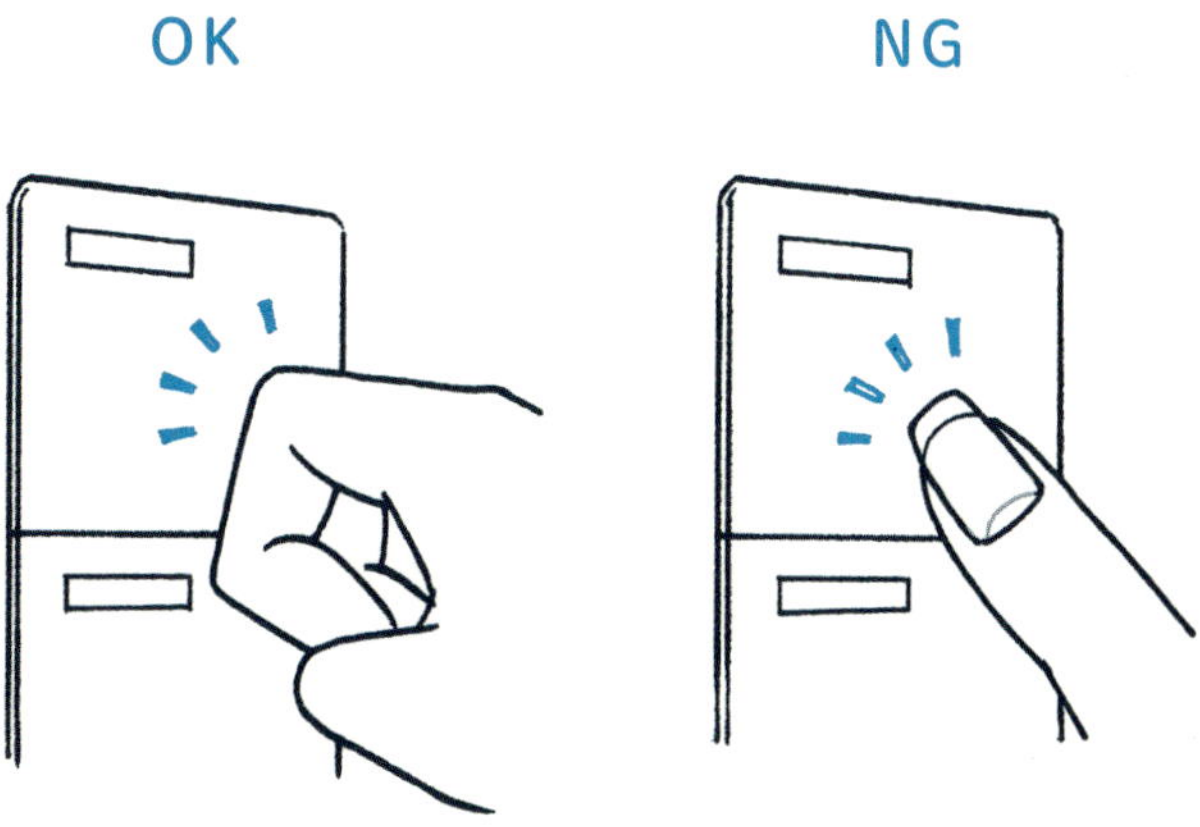

を洗ったあとに、その3本の指を手櫛《てぐし》にしてドライヤーをかけていることがわかりました。

「えっ、手櫛で髪をとかしただけで？」と思うかもしれませんが、髪の量が多かったので意外と重みがあったのです。

　手櫛をやめてもらい、ブラシを使ってもらうことにしたら、3本の指のピンクもだんだんついてきました。

　もし、「爪が折れているけれど、いつ折ったのかわからない」という場合は、爪が折れた

どのように美爪になっていく?

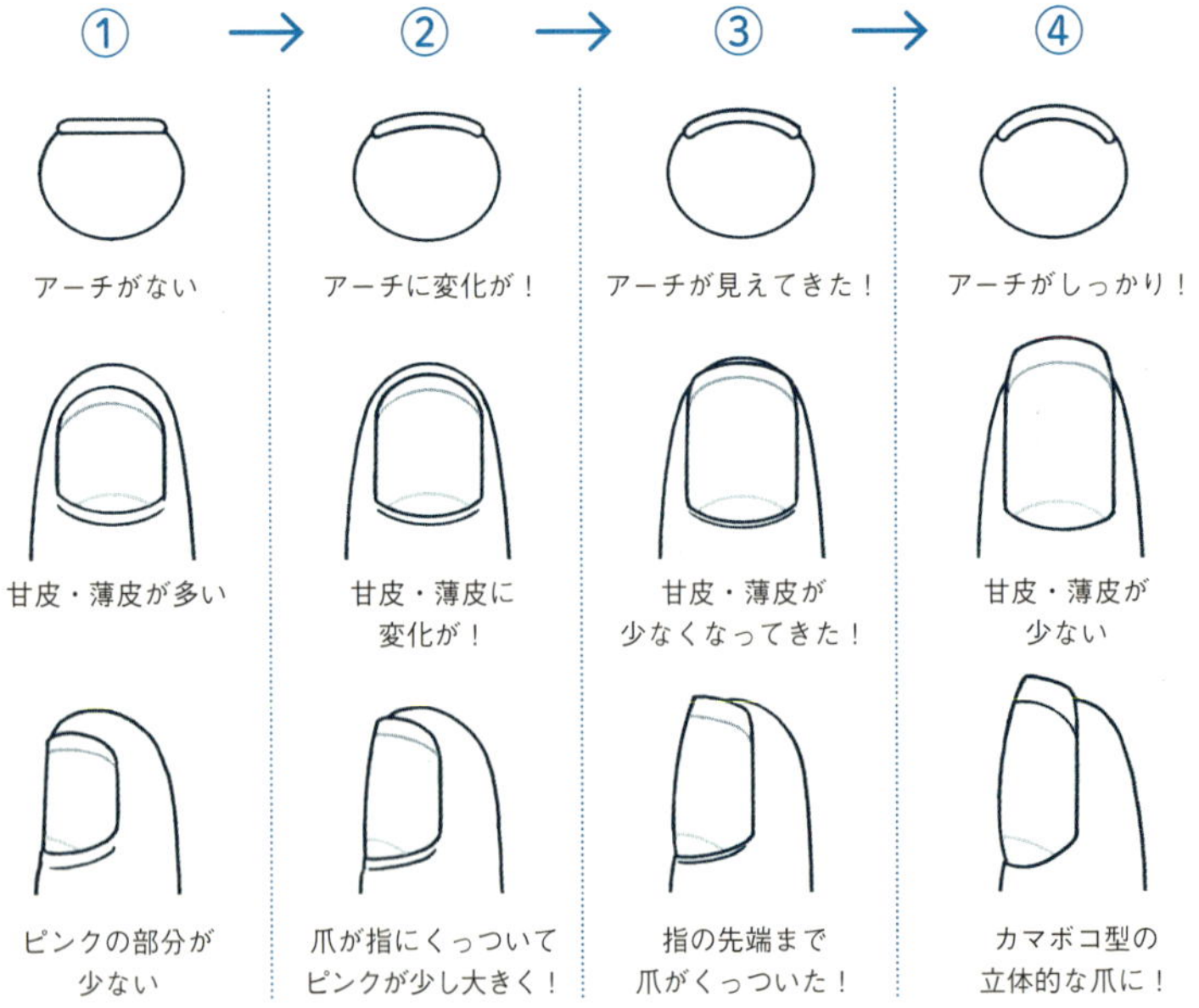
①
②
③
④
アーチがない
アーチに変化が！
アーチが見えてきた！
アーチがしっかり！
甘皮・薄皮が多い
甘皮・薄皮に変化が！
甘皮・薄皮が少なくなってきた！
甘皮・薄皮が少ない
ピンクの部分が少ない
爪が指にくっついてピンクが少し大きく！
指の先端まで爪がくっついた！
カマボコ型の立体的な爪に！

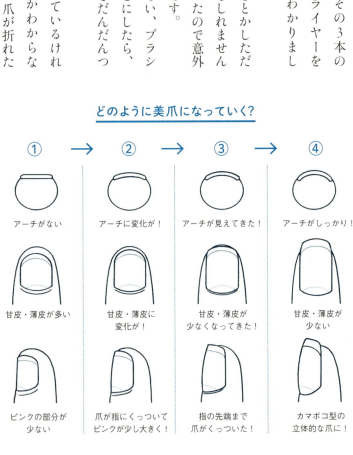

指の表の第1関節から裏の第1関節にかけて、ばんそうこうを貼ります。すると、無意識に爪を使ったときに、ばんそうこうが邪魔をして、普段していることができないため、強い違和感があります。そのときに「あっ、この動作のときに、爪を使っていたんだ」と気づけます。一度気づくと、次からは自然と爪を使わないように注意を払うようになります。

爪を守る生活習慣を心掛ける

生活習慣を見直すだけでも、手や爪へのダメージを減らすことができます。

■手を洗ったらすぐにハンカチやタオルでふく

長時間濡れている状態が続くと、かえって手の水分が余計に奪われます。

■食器を洗うときにゴム手袋をする

お湯や食器用の洗剤は手の油分も洗い流してしまいます。

■衣類をたたむときに綿の手袋をする

衣類との摩擦で、手や爪の油分を取られてしまいます。

■ハンドクリームをすくい取るときは、爪表面にのせる。

指で取ると、爪と指の隙間にハンドクリームが入りピンク部分がはがれてしまいます。そして、爪と指の隙間に入り込んだハンドクリームをかき出すことになるので、さらにピンク部分がはがれるという二重苦になります。

すぐにピンク部分が長くなるのはどの指？

細かい作業をするときは、自然と親指と人差し指を使います。それは、私たちが思った通りに、親指と人差し指を動かすことができると知っているからです。そのため、「爪を当てない指使い」を意識したら、その2つの指はすぐに言うことをきいてくれます。

逆に、中指、薬指、小指の3本は、物を力強くにぎるときに使います。たとえば、フライパンでチャーハンを返すときや、電車のつり革につかまるときです。

また、薬指のピンク部分がなかなか増えない人の場合、着圧タイツや水着を引き上げたりして、気づかないうちに圧力をかけている傾向がありました。

布のような柔らかい素材だと爪が当たっていることに気づかない場合が多いようです。

THE RULE OF IKUZUME

24

爪が割れたら瞬間接着剤でつける

手の爪でも、足の爪でも、もし、ピンク部分まで割れてしまった場合は、放置しておくと割れた部分が取れたり、裂けたり、血が出たりして危険です。

その場合は、**すぐに瞬間接着剤で割れた部分をくっつけます。その後、爪が伸びたら、少しずつ瞬間接着剤でつけた部分を切り取っていきます。**

外出先など、瞬間接着剤がつけられない場合もありますので、普段からばんそうこうをもち歩き、割れたときは、帰宅するまで割れた部分に貼っておくようにします。

瞬間接着剤をつけるときは、水分や油分が残っていると、しっかりつかない場合があるため、爪の表面をティッシュで拭き取ります。

爪の割れ方にもよりますが、接着面が広い場合は、斜めになった切り口から瞬間接着剤を流し込んで、まず爪をふさぎます。その後、亀裂の上部全体にも瞬間接着剤をつけます。もし、瞬間接着剤を多くつけすぎてしまった場合は、乾いてから、やすりで削ります。

割れたところが少しだけの場合は、爪楊枝《つまようじ》の後ろの平らな部分に瞬間接着剤をつけて、1〜2滴亀裂部分に落として塗るやり方もあります。

さらに細かい亀裂の場合は、爪楊枝の先に瞬間接着剤を取って何度もつけていくと失敗が少なくなります。

爪がよく割れるためいつも瞬間接着剤を使っているとい

爪が割れてしまったら？ BEFORE

①横折れ
（白い部分）

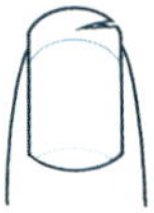

亀裂をすべて紙やすりで削り取ってから形を整える。ピンク部分だけになってもよい。

②横折れ
（ピンク部分）

瞬間接着剤で亀裂を埋め、乾いてから紙やすりで爪を短く整える。

③縦の欠け

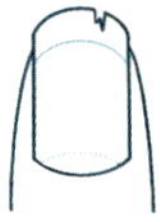

④横の欠け

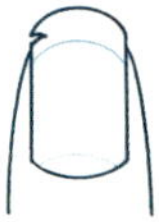

爪のごく一部に亀裂が入って欠けた状態。ギザギザしたところがなくなるまで紙やすりで削る。

⑤縦割れ
（白い部分）

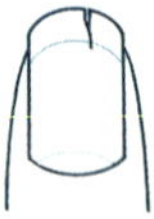

亀裂が入った部分まで白い部分を紙やすりで削る。

⑥縦折れ
（ピンク部分）

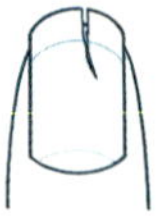

瞬間接着剤で亀裂を埋め、乾いてから紙やすりでできるだけ短く爪を整える。

外出時に①〜⑥になってしまったら

ばんそうこうを縦に貼りつけ、帰宅してから処置すると、二次被害にならない。

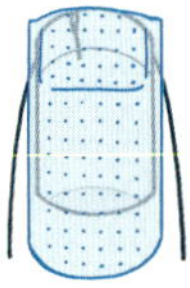

うお客さまは、まずラップの上に瞬間接着剤を数滴出して、そこから爪楊枝で必要な量を取って爪につけると言っていました。この場合、手際よくつけないと、粘着力が弱くなるかもしれません。

いろんな割れ方がありますので、イラストを参考に対処してください。

爪が割れてしまったら? AFTER

①横折れ
（白い部分）

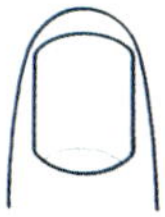

亀裂がなくなるまで短く削り、形はできるだけ平らに整える。

②横折れ
（ピンク部分）

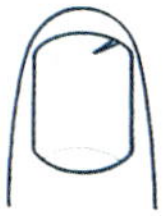

白い部分がなくなるまで紙やすりで削る。

③縦の欠け

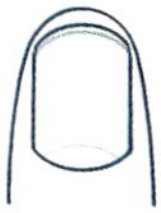

欠けがなくなるまで短く削り、形はできるだけ平らに整える。

④横の欠け

欠けがなくなるまで短く削り、形はできるだけ平らに整える。

⑤縦割れ
（白い部分）

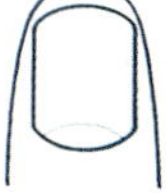

亀裂がなくなるまで短く削り、できるだけ平らに整える。

⑥縦折れ
（ピンク部分）

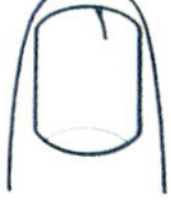

白い部分がなくなるまで紙やすりで削る。

NGの削り方

どちらもギザギザはなくなっているが、斜めになっているので爪の形がキレイに見えない。そのため、お手入れするやる気がなくなる。

③のNG

④のNG

＊①、③、④、⑤でできるだけ平らにするのは、爪が伸びたときに、アークスクエアにしやすいため

「爪美人」への道　フローチャート

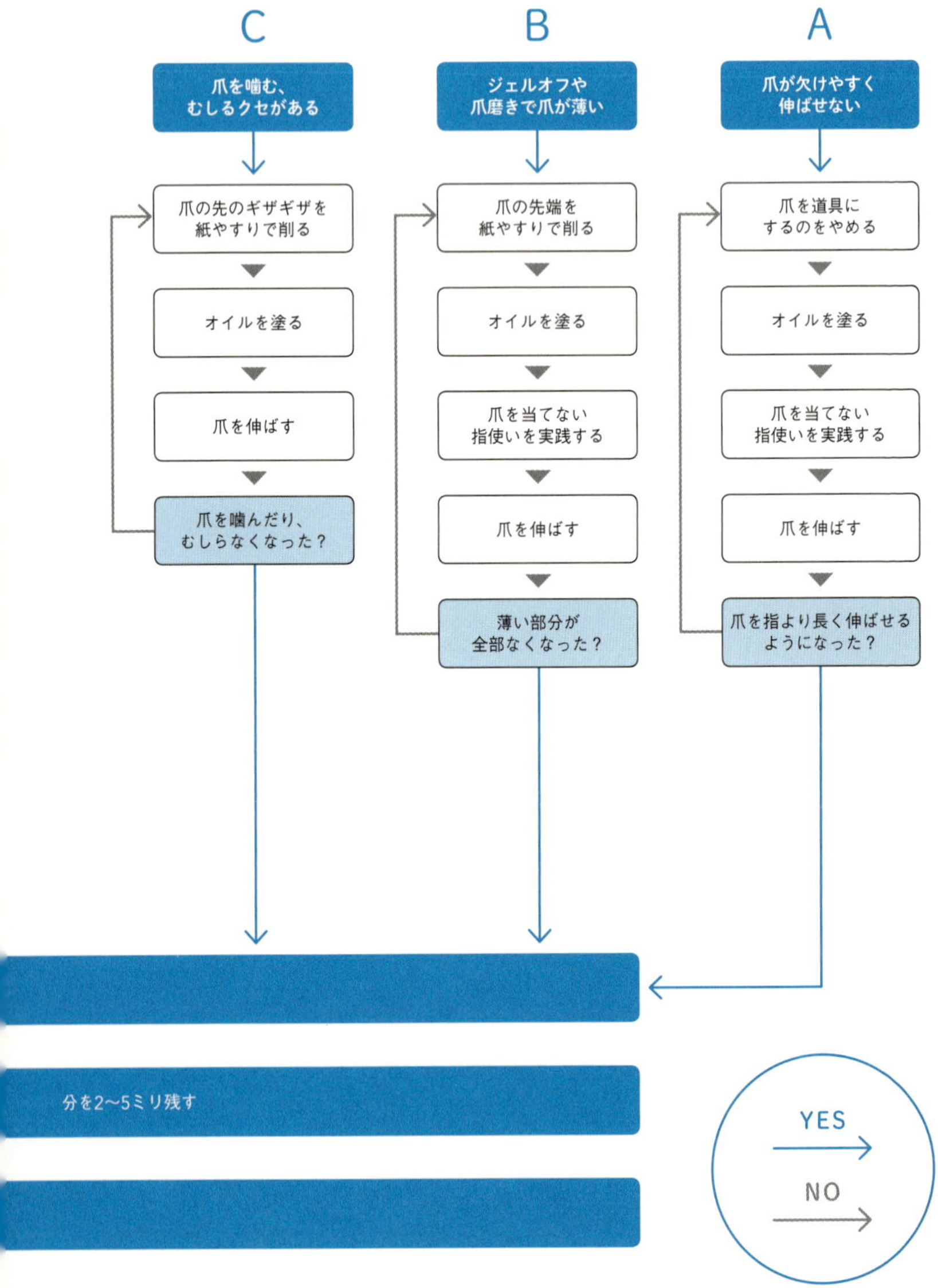

C
爪を噛む、むしるクセがある
爪の先のギザギザを紙やすりで削る
オイルを塗る
爪を伸ばす
爪を噛んだり、むしらなくなった？
B
ジェルオフや爪磨きで爪が薄い
爪の先端を紙やすりで削る
オイルを塗る
爪を当てない指使いを実践する
爪を伸ばす
薄い部分が全部なくなった？
A
爪が欠けやすく伸ばせない
爪を道具にするのをやめる
オイルを塗る
爪を当てない指使いを実践する
爪を伸ばす
爪を指より長く伸ばせるようになった？
分を2～5ミリ残す
YES
NO

爪の状態がA～Fのどれかに当てはまるという人は、
フローチャートにそって育爪プログラムを進めましょう

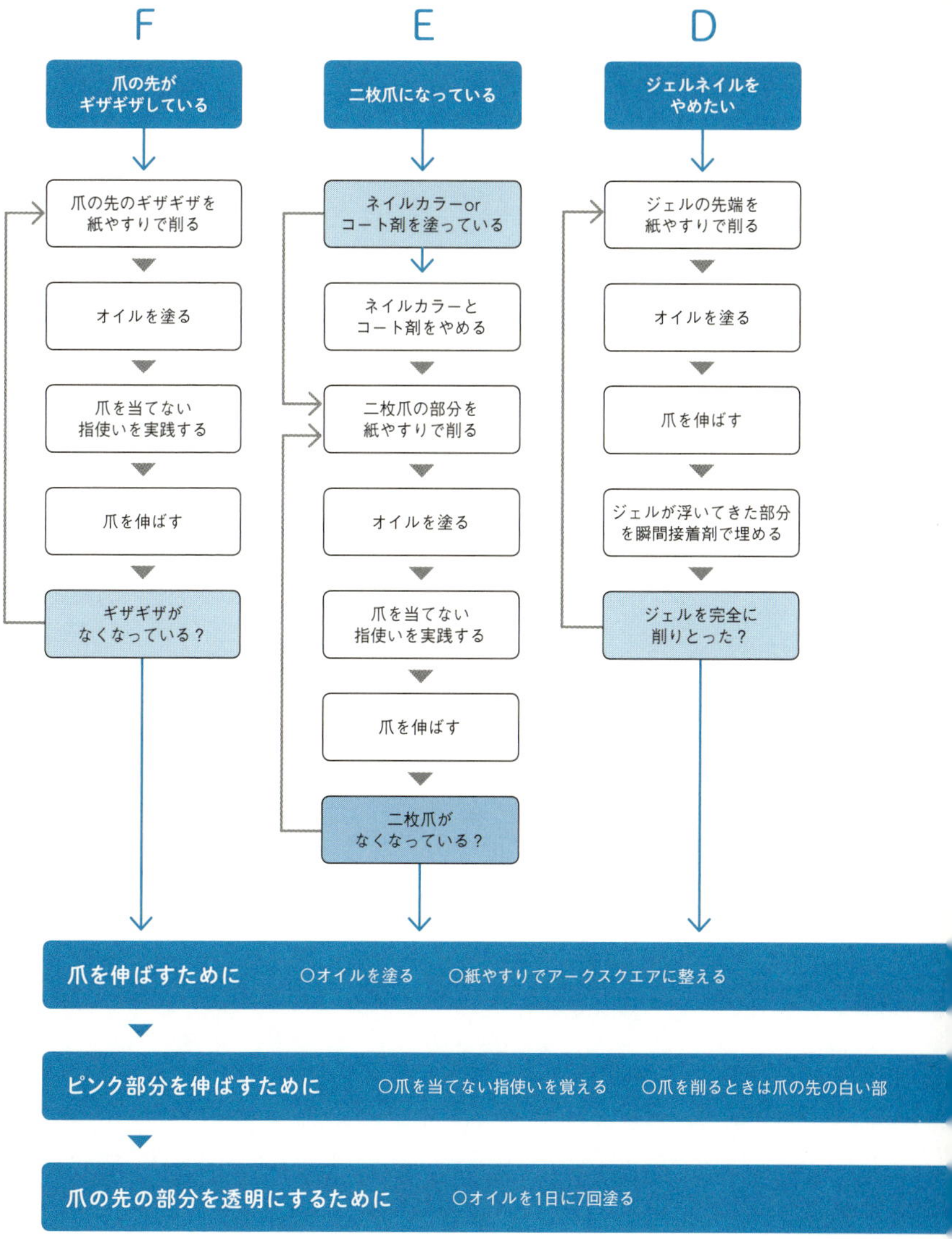
F
爪の先がギザギザしている
爪の先のギザギザを紙やすりで削る
オイルを塗る
爪を当てない指使いを実践する
爪を伸ばす
ギザギザがなくなっている？
E
二枚爪になっている
ネイルカラーorコート剤を塗っている
ネイルカラーとコート剤をやめる
二枚爪の部分を紙やすりで削る
オイルを塗る
爪を当てない指使いを実践する
爪を伸ばす
二枚爪がなくなっている？
D
ジェルネイルをやめたい
ジェルの先端を紙やすりで削る
オイルを塗る
爪を伸ばす
ジェルが浮いてきた部分を瞬間接着剤で埋める
ジェルを完全に削りとった？
爪を伸ばすために　○オイルを塗る　○紙やすりでアークスクエアに整える
ピンク部分を伸ばすために　○爪を当てない指使いを覚える　○爪を削るときは爪の先の白い部
爪の先の部分を透明にするために　○オイルを1日に7回塗る

THE RULE OF IKUZUME

25

おまけ 足の爪を美爪にする9つのポイント

【ポイント1】足の爪のトラブルの原因は8割が靴

足の爪は、手の爪と同様かそれ以上に重要なパーツです。なぜならば、足の爪がなければ地面を蹴り返すことができず、歩くことができないからです。

足の爪や指に問題を抱えていると、歩くときに痛みを感じたり、正常な動きができなくなったりします。歩くのがおっくうになって出歩くことが減ると、全身の筋力が衰えたり、気持ちが沈んだりして、心身の健康も損なわれやすくなります。

また、足の爪は1枚まるごと生え変わるまでに12ヵ月かかります。つまり、一度、**足の爪が傷むと、元の状態になるまで12ヵ月かかる**のです。

足の爪の問題や足裏の角化症《かくかしょう》の8割は靴が原因です。角化症とは皮膚の角質層が硬く分厚くなることの総称です。ウオノメやタコなども角化症です。

靴と足が一体化していないと、歩くたびに靴の内部で足が動いてしまい、靴と爪の衝突と靴と足裏の摩擦が起こります。極端に言うと、1万歩歩くと1万回の衝突事故が発生し、1万回の強いこすれが発生してしまうのです。このため、爪に亀裂が入ったり、爪に横すじが入ったり、足裏の皮膚が硬く分厚くなったりします。

【ポイント2】足の爪を傷めない靴の選び方

足の形は、指の長さで大きく3つに分類されます。

1つ目は、親指が一番長いエジプト型と呼ばれる形です。小指に向かうにつれて指が短くなっています。日本人に一番多く、外反母趾《がいはんぼし》になりやすいと言われています。

2つ目は、人差し指が一番長いギリシャ型と呼ばれる形です。人差し指が靴に当たるので、人差し指の爪が厚くなっている人が多いです。

3つ目は、親指と小指の長さの差が一番小さいスクエア型と呼ばれる形です。小指の爪が厚くなったり、足にあったパンプスを選ぶのが難しかったりします。

具体的な靴の選び方についてお伝えします。**どの足のタイプでも、先端がとがっていない丸みを帯びた靴が合わせやすい**です。ただし、パンプスやバレエシューズのような甲がむき出しになる靴は要注意です。

足が固定できる部分がないので、足が靴の中で前後に動いてしまい、足のトラブルが多くなります。爪に横すじができたり、指を守るために爪が分厚くなったり、指先に角質ができたりします。

爪が傷まず、足裏に角質ができない靴選びには3つのコツがあります。

1つ目は**一番長い指先に1センチくらい余裕がある靴を選ぶ**ことです。

足の長さが23センチであれば、靴の長さは24センチくらいのサイズを選んでください。ただし、ほかのタイプより足指の長さの差が小さいスクエア型では、靴の形によっては一番長い指先に2センチくらい余裕がある靴が適している場合もあります。

指先に適度な余裕がない靴を履き続けていると、指がくの字に変形して、快適に歩くことができなくなる場合もあります。靴に足を入れたときに、すべての爪先と指先が靴の内部の先端に当たらないのが理想です。

2つ目は**足の横幅にピッタリの靴を選ぶ**ことです。

足の横幅とは、親指のつけ根の関節から小指のつけ根の関節までの足の最大の横幅のことです。靴内部の横幅と足の横幅に隙間があると、歩いているときに靴の中で足が前後に動きます。すると、靴内部の先端に爪や指先が衝突します。

爪の表面に横すじがたくさん入っている場合は、その爪が衝突しています。

足の形別　靴の選び方

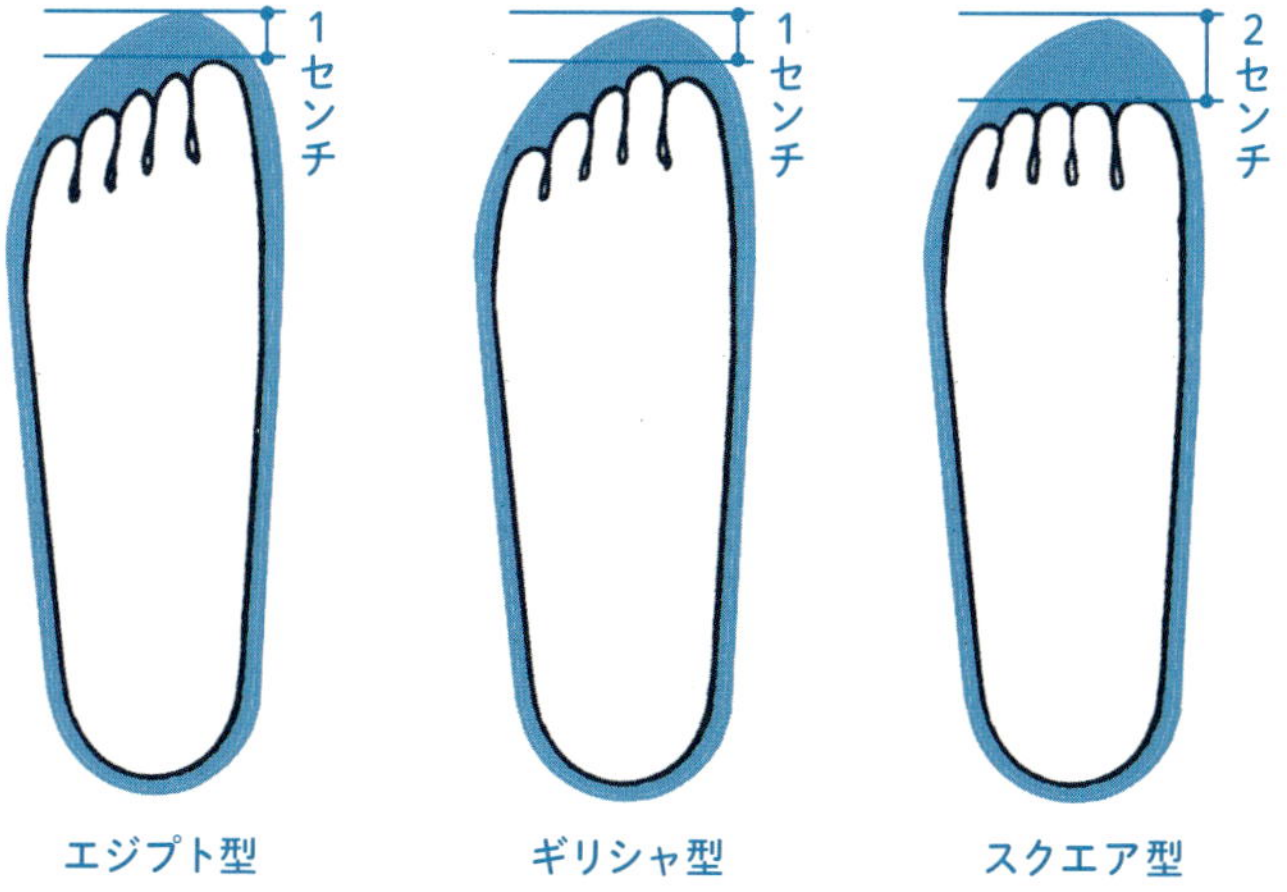

また、衝突によって指先の皮膚が破れて肉がむき出しにならないように、角質層が分厚くなって指先を守ります。足裏全体も、摩擦によって皮膚が破れないように角質層が分厚くなります。靴の横幅が実際の足よりも大きな靴を履いていると、爪の横すじや足裏の角質の原因になるのです。

逆に、靴の横幅が小さすぎたり、先端が三角形のようにとがった形の靴の場合は、狭い場所に押し込められて足の関節が圧迫されたり、指と指が重なったりして、足や指が変形してしまいます。

3つ目は**甲の部分で足を固定できる靴を選ぶ**ことです。足を靴の甲の部分で固定できると、靴の中で足が動かなくなります。すると、爪に亀裂が入ったり、横すじができたり、分厚くなったり、足裏の皮膚が硬く分厚くなったりするのを防げます。

まとめると、爪先に余裕があり、横幅がピッタリ、そして、甲で固定できる靴を選ぶと足と爪が傷みません。ひもや面ファスナー（マジックテープ）で甲や足首を固定して足と靴を一体化できるスニーカーやブーツが理想です。

足の爪で多いのは、爪が伸びないという悩みです。

そのほとんどは、靴のサイズが足に合っていないため、靴内部で爪先が圧迫されていることが原因です。日常的に爪が圧迫されていると、大きく分けて2つの状態になります。

1つ目は爪が異常に分厚くなる肥厚爪《ひこうつめ》です。

爪が前に伸びることができない代わりに、靴内部の空間に余裕がある、高さ方向に爪が伸びてしまい、厚みが増していき、肥厚爪と呼ばれる状態になります。

厚みがあるのでますます靴内部で爪が圧迫されるようになります。

爪の色も透明感を失って黄色みを帯びるので、爪水虫と勘違いする場合があります。

2つ目は爪が折れてしまうことです。

爪は伸びているのですが、靴内部に衝突して爪が大きく折れてしまうのです。この場合、原因は2つ考えられます。

1つは、足より大きい靴を履いていることです。足が靴の中で前後に動き、爪が靴の内部に衝突して折れます。

もう1つは、足より小さい靴を履いていることです。爪先がピッタリしすぎて、歩く度に、爪が靴の内部に衝突して折れます。

肥厚爪でも、爪が折れてしまう場合でも、爪が伸びない原因のほとんどは靴が合っていないことです。

「足が大きいことを認めたくない」「足が大きいのが恥ずかしい」という思い込みがある場合は、実際の足のサイズより小さい靴を履いていることが多いです。「靴を履いたときに圧迫されたくない」「ゆるゆるの靴のほうが足の健康に良い」という思い込みがある場合は、足より大きな靴を履いていることが多いです。

いずれにしても、そういった思い込みが原因で、「爪が汚いので足を人に見られたくない」「爪の両端が喰い込んで痛い」「爪がほとんどない」という結果になっています。

足はその人の体をバランスよく支えるのにちょうどいいサイズになっているため、足の大小に良い悪いはありません。

足の問題に詳しい専門家のもとで足のサイズを測定し、測定結果をもとに靴を選び、適切な履き方をして、試しに歩いてみて快適なことが確認できたら、そのときはじめて靴を買う。そうすれば、きっと、今まで経験したことのないような爪や指や足が喜ぶ靴が見つかり、歩くのが楽しくなることと思います。

【ポイント3】爪を傷めないひも靴の履き方

ひも靴で一番重要なことは、脱ぎ履きの際に、必ずひもをほどくことです。靴を履くときに、ひもをほどかずに足を入れ、床や地面に足先をトントンと叩きつけて履く人がいます。このとき、爪や指はものすごい衝撃を受け、トラブルの原因になっています。また、ひもをほどいて締め直さないため、甲の部分で足が固定されません。このため、1歩歩くたびに靴の中で足が動いてしまい、本来ならば発生しない衝突や摩擦が発生し、爪や足のトラブルの原因になります。

これらを防ぐために、次の手順でひも靴を履いてください。

まず、ひもをほどいて、足を靴の中に入れます。次にかかとを床につけたまま、靴の先端を45度くらい上げ、かかとが靴のかかと部分にしっかりと収まるようにします。そして、足が斜め上を向いている状態でひもを締めていきます。そのときに、きつすぎず、ゆるすぎず、足と靴を一体化させるような感覚になるよう締めていきます。

すると、足が靴の中で固定され歩いても動かなくなります。

はじめのうちは面倒と感じるかもしれませんが、足の爪をいたわって、ていねいにひもを締めたり緩めたりしている自分のことが好きになってきて、だんだんと靴の脱ぎ履きが楽しくなってきます。

足の大きさは、たいていは左右のどちらかが少し大きくて、反対側が小さいものです。靴のサイズは大きい足のほうに合わせます。足の大きさが左右で大きく異なる場合、小さい足の靴の中に隙間があくことがあります。その場合、小さい足のほうに、指の関節下から指先部分だけのハーフサイズの中敷きを入れます。

すると足裏の指の関節が中敷きで固定されて前後に動かなくなります。もし、指先の部分がきついと感じる場合は、**中敷きの指のつけ根の辺りから指先部分、つまり、指の部分すべてをハサミでカットします。**すると、指の部分に適度な余裕が生まれて指が圧迫されなくなります。

【ポイント4】足の爪の削り方・整え方

足の指が痛むというお客さまで一番多い原因は、爪の切り過ぎです。短く切り過ぎると、両角を削ることができずに、とがった角が残り、指の皮膚に食い込んでしまうのです。

足の爪も、手の爪と同様に、爪切りではなく紙やすりで削るのがおすすめです。爪の長さは、足の指の長さと同じか、1～2ミリくらい長いのが理想です。これ以上短くすると、爪が皮膚に食い込んで痛みを感じる場合もあります。

足の爪の形は、手と同様にアークスクエアがおすすめです。ただし、手と違って、指や爪が曲がっていたり、形や大きさが5本の指で大きく異なっていたりします。このため、アークスクエアに整えること自体が難しい場合が多々あります。とくに、分厚くなっている爪や巻いている爪、小さすぎる爪は、ほかの爪と同じような見た目に形をそろえることが難しいかもしれません。その場合は、厳密に形を整えなくても大丈夫です。

【ポイント5】足の爪をむしる癖をなくす方法

足の爪をむしる癖がある場合、むしる対象となる部分は、爪の断面がギザギザで短く、深爪になっていることが多いです。

無意識にその部分が気に入らなくて排除したくなり、むしり取ってしまうのです。

また、ギザギザをむしり取らなくても、放置しておくと、靴下やストッキングなどの繊維が引っ掛かり、爪に亀裂が入ったり、欠けたりして二次被害に発展します。

ギザギザを紙やすりで削ってなめらかに整えることで、気に入らない部分がなくなり、むしることもなくなりますし、二次被害に発展することも防げます。

ギザギザを整える際は、必ず最初に粗い目の紙やすり（180～240グリット）で削ります。細かい目の紙やすりではギザギザを取りきることができないからです。

まず、紙やすりをもっていないほうの手で、削りたい箇所の指先の皮膚を押さえて爪と皮膚の間に隙間をつくります。そして、紙やすりの中央ではなく端のほうを爪に当て、紙やすりが皮膚に当たらないようにして削ります。紙やすりを爪に強く押し当てないようにして、ゆっくり動かします。紙やすりを爪に強く押し当てると、思いがけず削れすぎてしまうことがあります。紙やすりを速く動かすと、勢い余ってほかの指にぶつかったり、皮膚を削ったりしてしまうこともあります。

指の腹で爪断面をさわってギザギザがなくなったと感じたら、仕上げに細かい目の紙やすり（280～400グリット）で断面をよりなめらかにします。

【ポイント6】横すじは靴と履き方を疑う

足の爪の横すじは、爪先が靴内部の先端に繰り返し衝突していることが原因です。親指や人差し指など、一番長い指の爪にできることが多いです。

爪先が靴内部にぶつかったときの衝撃が、爪をつくる爪母に伝わり、その影響で横すじが入ります。爪母の一部が壊れてしまうくらい強い衝撃が加わると、一生、亀裂の入った爪や正常でない爪が生え続けることもあります。

普段から【ポイント2】で説明した靴を履き、【ポイント3】で説明したひもの締め方をしていると、爪先の衝突がない状態で爪が生え替わっていき、横すじがだんだんと薄くなったり減ったりしていきます。寒くない時期は、すべての指が解放されているサンダルを履くと、爪が衝突しようがないため、横すじが減っていきます。

横すじや縦すじが足の爪にできても、爪の表面は磨かないようにしてください。手の爪と同様、表面の凸凹を削って平らにすると、爪の厚みが薄くなり、少しの衝撃で亀裂が入ったり欠けたりする弱い爪になります。足の爪は1枚生え変わるのに12ヵ月かかるので、弱い状態が12ヵ月間続くことになります。

横すじはオイルを塗ると、一瞬で目立たなくなります。爪の表面の凸凹や内部の隙間がオイルで満たされて光の乱反射が減り、透明度が増すからです。縦すじは、手の爪と同様に、オイルを塗り続けると薄くなっていきます。

【ポイント7】足の爪の乾燥はオイルで防ぐ

足は普段、靴下やストッキング、靴で隠れていることが多いため、ネイルカラーや透明なコート剤をつけたままにする人がいます。すると、爪の表面がプラスチックで覆われて、爪の通気性が失われた状態が長期間続きます。

爪の表面付近の層は隙間がプラスチックで埋まっているため、爪の下の皮膚から揮発している水蒸気の供給を受けることができず、乾燥が進みます。

除光液でネイルカラーやコート剤を取り除いたときに、爪の表面が白っぽく粉を吹いたようになったり、より乾燥が進むと白い斑点がついたように見えることがあります。

その場合、朝起きてすぐと夜寝る前の1日に少なくとも2回以上、オイルを塗ってください。オイルを塗ると、白い部分が一瞬でなくなります。でも、乾くとまたすぐに白くなります。毎日オイルを塗って、爪が伸びてきたら少し切る。これを繰り返すと、やがて白い部分はなくなります。

足の爪は、手の爪と同様にオイルと水を混ぜて乳化させてもいいですし、水なしでオイルだけでも大丈夫です。一般的に、足は手と違って、靴下やストッキングなどの繊維で包み込まれている時間が長く、素肌が露出している時間が短いため、足の湿度が保たれます。このためオイルだけでも大丈夫です。

【ポイント8】足の爪のゴミは取らない

手の爪と同様に、足の爪もピンク部分の形がすべての指で同じように揃っていると美しく見えます。

そのために、足の爪に糸くずやゴミが入っても、取らないようにします。先のとがったもので根こそぎ取ると、ゴミは取れてスッキリするかもしれませんが、爪と指の密着している部分がはがれてピンク部分が減ってしまいます。さらに、爪の白い部分とピンク部分の境界線が凸凹になってしまい、見た目が美しくなくなります。

そしてさらに追い打ちをかけるように、爪と指の密着がはがれた場所に、糸くずやゴミが溜まりやすくなります。三重苦になるのでゴミは取らないことをおすすめします。どうしても気になる場合は、お風呂に入ったときに、足の爪先にシャワーの水流を当てて、水の勢いで流せるぶんだけで済ませてください。

【ポイント9】ジェルネイルのダメージを減らす

ジェルネイルをしていると、足はとくにもちがいいのでリペアやつけ変える頻度は少なくなります。そのため、爪とジェルの間に隙間があったときに、気づかないケースがあります。ジェルネイルの隙間は要注意です。

水が入ると、グリーンネイルや白カビが発生する場合があるからです。

グリーンネイルとは、もともと自分の皮膚に存在している常在菌の一種である緑膿菌《りょくのうきん》が、目視できるくらい増殖した状態です。緑色に見えてほんの少し臭いがする程度で、それ以外の害はとくにないとされています。他人へ感染することもありません。

グリーンネイルの場合、ジェルを取ったときに普通ではありえない緑色になっているので、誰でもすぐに異変を感じます。ところが、白カビは経験豊富なネイリストでさえ、乾燥と見分けがつかない場合があります。見分けるコツは、オイルを塗り続けたあとの状態です。

乾燥の場合は、オイルを塗っていくと白い部分が消えます。白カビの場合は、オイルを塗って保湿を繰り返しても白い部分が消えません。その場合は、白カビの可能性が高いため、すぐに皮膚科を受診することをおすすめします。

ちなみに、グリーンネイルになってしまった場合は、「石鹸で緑の部分を洗って、水で20秒くらいすすぎ、タオルでよく水分を拭き取り乾燥させておきます。2週間くらい素の爪で生活して、オイルなど塗らないようにすれば大丈夫です」とグリーンネイルに詳しい皮膚科の医師が言っています。

ジェルネイルは一度つけたら12ヵ月間かけて取り除くことをおすすめしています。1ヵ月ほど爪を伸ばして先端のジェルネイルを紙やすりで削る。また1ヵ月ほど爪を伸ばして先端のジェルネイルを削る。これを繰り返していくと、爪が薄くなることも、爪にダメージが残ることもなく、12ヵ月後にはキレイな爪に生え替わっています。

もし、爪とジェルネイルの間に隙間ができた場合は、瞬間接着剤を使います。水が入り込む隙間に瞬間接着剤を流し込んで埋めてしまうことでカビの発生を防ぐことができます。埋めた部分は爪の通気性が阻害されますが、ごく限られた小さな範囲なので影響は少ないです。瞬間接着剤の部分もいずれは削ってしまうので、爪には何も残りません。

もし、どうしてもジェルネイルをすぐに取り除きたい場合は、自分でジェルネイルをつけた場合やほかのネイルサロンでつけた場合でも、時間をかけてていねいに取り除いてくれるネイルサロンを探して、そこにお願いすることをおすすめします。

自力で取り外そうとすると、爪の表面が必要以上にはがれて薄くなってしまう場合があるからです。

第4章

爪が変われば運命が変わる

THE RULE OF IKUZUME

26

爪はあなたの分身

私は「爪」イコール「自分」だと思っています。

爪は自分の体の中で一番目に入る部位です。ジェルネイルやネイルカラーが好きなら、ぷっくりとした形やツヤツヤになった爪を見てテンションが上がります。すっぴんの爪が好きなら、すっぴんのキレイな爪を見てテンションが上がります。

逆に、爪を見て、醜い、汚い、不格好などと感じていると、爪を目にするたびにテンションが下がり、セルフイメージも下がります。

スクール卒業生の黒田さんは、通い始めた当初、自分の爪が嫌いで、いつも手をグーの状態に握っていました。爪を短く切っていて指ごとに爪の形がバラバラ。人に爪を見られたくなくて、バスでつり革につかまることもできませんでした。

でも、スクールに通っているうちに、爪がキレイになってきて、気持ちにも変化が表れ始めました。

黒田さんは、以前は、人から見られている意識が強く、いつも「きちっとしないといけない」と思っていたそうです。そして、自分自身のことも周りの人のことも、「きちっとしているかどうか」で評価していました。

しかし、3ヵ月が過ぎたころには、自分は何が好きなのか、何がしたいのかに目が向くようになり、自分の行動を周りの人がどう思っているかなど、気にならなくなっていました。

人に爪を見られることが気にならなくなり、つり革にもつかまれるようになりました。

自分がしたいことを思いついても、人から何か言われる不安が出てきて行動できないことも多かった黒田さんですが、髪の毛を短く切ったり、黒髪を茶髪にしてパーマをかけたり、ちょっと奮発して泊まってみたかったホテルに泊まったり。会うたびに、前回より楽しそうで、行動的になっていきました。

自分で自分の爪にOKを出せると、自分自身の行動や在り方に対してもOKを出せるようです。

THE RULE OF IKUZUME

27

爪はあなたの「体と心の状態」を映す鏡

お客さまの爪を見ていると、爪は健康を映す、と実感することがよくあります。

あるお客さまは、出産して母乳をあげていたころ、「1日5食食べても自分の体が痩せていく」と言い、いつも健康的だった爪も、何本も二枚爪になっていました。ところが、授乳期間を終えると、ボロボロだった爪がうそのように元の元気な爪に戻りました。

また、生まれつき貧血だというお客さまは、医師からずっと鉄剤を処方されていました。でも、ときどき飲みたくなくなり、ストップしてしまいます。すると、決まって二枚爪になります。あるとき、二枚爪になっていたので「あれ、お薬止めているんですか？」と聞いたら、「そうなんです。やっぱりわかります？」と言っていました。

爪は正直に体の状態を語ります。

爪の不調は体調不良のサイン

こんなこともありました。

長くサロンに通っている健康な爪のお客さまが、あるとき急に10本の指の爪すべてが二枚爪になっていたことがありました。指の1、2本なら二枚爪になることはよくあります。でも、急に10本すべての指がなるのは正常とは考えづらい。私は「医療機関で診てもらったほうがいいかもしれません」とお伝えしました。

診察の結果、子宮筋腫が大きくなっていたとのことで、すぐに手術となったそうです。手術後に来店されたときは、二枚爪はキレイになくなっていました。

自分でも気づかなかった不調を爪が教えてくれたのです。

二枚爪はコート剤の塗りすぎや外からの圧力のほか、鉄分欠乏性の貧血でも起こります。ただ、何の検査もしていないのに、独断で「二枚爪になるのは嫌だから」と予防のために鉄剤を多く摂ってしまうのはおすすめしません。

体に良いものでも、摂りすぎると副作用が出たり、バランスを崩す場合があります。

爪は半年間の生活を記録している

爪には髪の毛同様、老廃物が蓄積されます。爪を検査すれば、余分なミネラル分や有害な金属の蓄積量がわかるのです。私は化学物質過敏症になったときに、医療機関で切った爪をドイツまで送ってもらい、体の中に有害な物質が蓄積されていないか、検査してもらったことがあります。驚いたことに、そのときは水銀がたまっていました。

医師は、「トルエンのアレルギーになったときに、体がトルエンの解毒に集中したため、ほかのものが解毒できずに、たまってしまったのではないか」と分析していました。

爪を調べれば、体の状況はそれだけ克明にわかります。手の爪は1枚伸びるまでに半年かかります。つまり、**爪には半年分の健康情報が入っている**んです。爪先を調べれば、半年前の栄養がどうだったかがわかるわけです。

毎日爪に手をかけることは、自分の毎日の健康管理にもつながります。

オイルを塗ってケアをしているのに、折れたり欠けたりするのは、どこかがおかしいということになるのです。

すっぴん爪で初めてわかる異変

健康診断や人間ドックでは、事前に「ネイルカラーを落としてきてください」と言われることがあります。それは、爪に出る健康状態をチェックするためです。

子宮筋腫で急に手術になったお客さまは、それまで何もなかった爪が一気に二枚爪になったので、何かおかしいと気づきました。

けれど、もしベースコートを塗っていたら、ベースコートで二枚爪になっているのか、体調不良で二枚爪になっているのか、本当の原因はわかりません。

普段からすっぴんの爪にしておくことで、通常の爪の状態を把握することができます。

爪に異変が発生したら、すぐに気づくことができて、医療機関の診察を早く受けられます。

ちなみに私がドイツでしてもらった爪の検査は、今は日本でもできます。オリゴスキャンという装置で手のひらに光を当てるだけで体内のミネラルと有害金属の量がわかります。

THE RULE OF IKUZUME

28

爪を育てると免疫力が上がる

爪を育てるには、必ずオイルを塗ります。すると、オイルを爪全体と手や足の全体に塗り伸ばしていくときに、多かれ少なかれ必ず爪をもむことになるので、もれなく手足の指先の血行が良くなります。血行が良くなると爪が伸びる速度が早くなります。さらに、手や足の指先にまで栄養が行き届くようになるため、爪の質も改善すると考えています。

オイルを塗ることが習慣になると、ほとんどの人が、塗っていなかったころと比べて爪が丈夫になっているのを実感します。

また、爪をもむと、自動的にリラックスしてしまう効果もあります。

サロンでお手入れをしていると、すぐに寝てしまうお客さまがたくさんいます。終わった途端ぱっと目を覚まして、すっきりした様子で帰っていきます。「なんでだろう」と不思議に思っていましたが、安保徹先生と福田稔先生の共著『奇跡が起こる爪もみ療法』

という本に出会って謎がとけました。その本には、要約すると、**「手足の爪の生え際の角に、井穴《せいけつ》という自律神経のバランスを調整するツボがある。そこを刺激すると体をリラックスさせ、免疫力が高まる」**ということが書かれていました。「それで眠くなるのか」と納得しました。

それ以来、リラックスして健康になり、かつ、ストレスが解消されて爪を噛む気も失せてしまう方法として、爪の生え際の角をもむことをおすすめしています。

やり方はとても簡単です。手や足の爪の生え際の角を1本につき10秒ずつもんで刺激するだけです。厳密な位置にこだわらなくても大丈夫で、「少し痛いけど気持ちいい」くらいの強さが目安です。

「爪もみ」で押しもみする場所

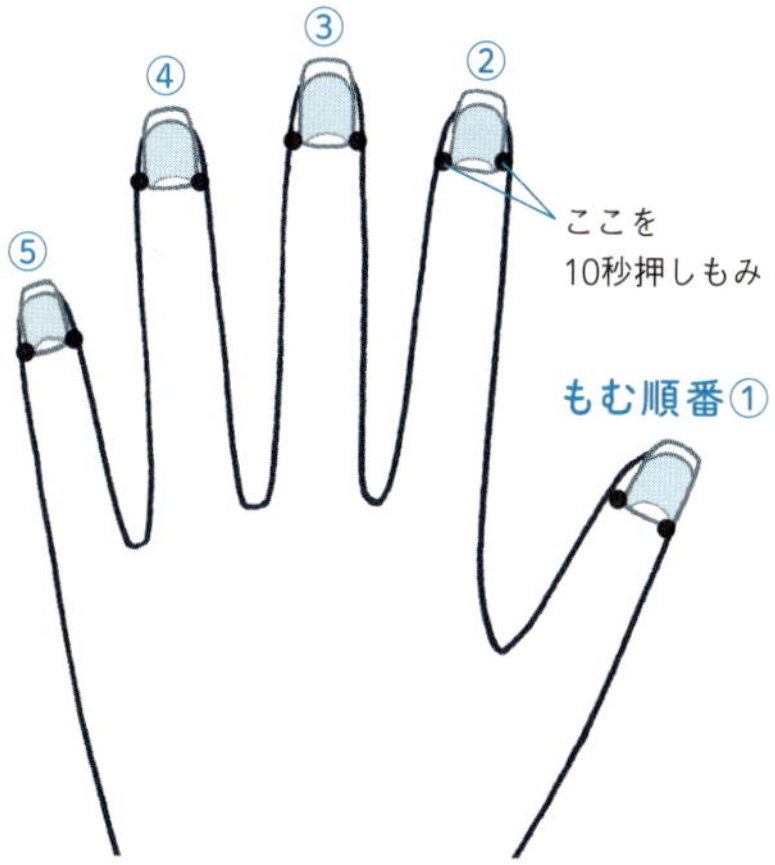

親指から人差し指、中指、薬指、小指の順番に、爪の生え際の両角を10秒間、押しもみする。

THE RULE OF IKUZUME

29

爪の成長は促進できる

爪が10本すべてうっすらと黒くなっている方が来店しました。ご本人も爪の色を気にしていました。私も初めて見る爪の色をしみじみと観察していました。

「この黒っぽい色が気になります。どうにかなりますか？」

「私もこの状態は初めて見ます。手の爪が一枚生え変わるのは6ヵ月かかります。色が変わるには、何枚か爪が生え変わるのを待つ必要があるかもしれません。もし色が変わらなかったとしても、少なくとも爪の形は変わるので、見た目の印象は変わるかもしれません。もし、それでも良かったら、気長に構えて、お手入れしてみるのはどうしょうか？」

その方は「少しでも可能性があるなら」とお手入れを開始することにしました。初めの6ヵ月は2〜3週間に一度、その後は1ヵ月に一度くらいの頻度で来店してもらいました。

どんな状態の爪でも、初めの3ヵ月間で2週間ごとに来店すると、爪は一気に良い方向に変わります。「2週間に一度、必ず爪を他人に見せる」というイベントがあることで、爪を育てる生活習慣を意識して続けられるようです。3ヵ月経つと爪の半分が生え変わるので、ほとんどのトラブルはなくなります。さらに「健康でキレイな爪が育った」という動かぬ証拠が10本の指先に生まれることで、ますます爪をかわいがるようになります。

このお客さまの爪は、気をつけて観察しないとわからないくらい小さな変化を繰り返しながら、ゆっくりと変わっていきました。初回の写真と6年半後に撮った写真を比べると、**黒っぽくなっていた色が消えてなくなり、まるで別人の爪のようになりました。**

爪の薄皮をお手入れするときに、プッシャーマシンという小さな機器を爪の根元付近に使います。その振動で血行が促進され、爪母が活性化して、爪が元気に成長していったためではないかと考えています。

足の先に手の爪がついている

私がこう考えるようになったのは、足のお手入れをすると、足の爪の見た目がまるで手の爪のように変わるのをたくさん見てきたからです。60代から70代のお客さまが、手のお手入れを始めて、きれいになると、決まって言うセリフがあります。

「実は私、足の爪の色が悪くなって、厚みも出てきたようなの。お手入れしてほしいけど、足の爪を出す自信もないし、爪水虫かもしれないと思って悩んでいるの」

私は「では皮膚科に行って、足が爪水虫などの感染症にかかっているかどうか確認してきてください」とお伝えします。診察の結果、爪水虫でないことがほとんどです。感染症でないことが確認できたら足のお手入れを始めます。そして1〜2年ほど後には、まるで「手の爪が足の先についている」と感じるほど、色も形もきれいな足の爪に変わります。

プッシャーマシンの振動が爪母を刺激して、爪母の血行が良くなり、爪の生育が良くなると考えるとつじつまが合うのです。そして、血行の良し悪しが、爪の成長の決め手なのだと思うようになりました。

爪にオイルを塗るときには、必ず爪をもむことになります。すると、すぐに爪のピンク部分の鮮やかさが増して、一層キレイなピンク色になります。これが血行が良くなった状態です。1日に5回以上オイルを塗ると、5回以上血行が良くなります。それを毎日続けたら、爪が今どんな状態だとしても、きっと元気な爪が育つのではないかと思います。

THE RULE OF IKUZUME

30

ネイルしながら素の爪を育てる

ほかのネイルサロンから紹介されたお客さまが来店しました。

「爪を伸ばそうとしても、欠けてしまって長くならないんです。仕事でネイルカラーを塗ることが義務づけられていますが、爪が伸ばせるように、お手入れしてもらえますか？」

そのお客さまの爪には、ネイルカラーを塗り続けている人に共通する特徴があり、10本とも爪の色が赤茶けた感じになっていました。爪先は乾燥しきって、ほとんどが二枚爪です。

こんなに爪の先が傷んでいたら、少し伸びても、爪がすぐはがれてしまい、きれいに伸ばすことは難しいかもしれないと感じました。

仕事は2～4日間、連続勤務して翌日休み、という繰り返しで、出勤日は必ずネイルカラーが塗られている必要があるとのことでした。そこで、出勤開始日の前日の夜にネイルカラーを塗る、出勤の終了日にネイルカラーを落とす、休日は素の爪で過ごしてオイルを

1日に5回以上塗る、という3点をお願いしました。

ネイルカラーを塗っている間は、爪の表面に近い層が乾燥しますが、素の爪の日があれば爪の通気性が確保されて爪の下の皮膚から水分の供給を受けることができます。

ネイルカラーの塗りっぱなしをやめて、休日に素の爪に戻し、オイルと水を混ぜて乳化させて何度も保湿しておけば、今よりは爪の状態が改善する可能性があるとお伝えしました。そのお客さまはこの提案を喜び、やってみることになりました。

すると、意外な結果になり、私自身が驚きました。

初めて来店されたときは、10本すべての指が二枚爪でしたが、3回目の5週間後に来店したときには、すべての爪から、二枚爪の部分がほとんどなくなりました。

爪への色素沈着も、ほとんどわからないくらいになっていました。ご本人は、「爪が丈夫になって欠けずに伸びるようになった」と喜んでいました。

ネイルカラーを2～4日続けたら、次の1日は素の爪に戻して保湿をするだけで、素の爪の状態がとても健康でキレイになったのです。

この方法であれば、ネイルカラーが大好きな人も塗る必要がある人も、素の爪が傷むのを最小限にとどめながら、長い期間、ネイルカラーを続けることができるかもしれません。

THE RULE OF IKUZUME

31 爪からの警鐘

私は仕事柄、日々、本書で紹介している爪のお手入れをしていますから、爪はかなり強いほうです。ちょっとぶつけたくらいでは、まず折れません。しなって元に戻ります。

そもそも、長年、指の使い方に気を配っていますから、爪を当てない指使いが習慣化しています。当たり前のように、エレベーターの押しボタンは、指の関節でそっと押しますし、物をつかむときは、爪を当てないように指の腹でつかみます。

そんな私ですが、年に一度、決まって爪が折れる時期があります。それは12月です。

毎年決まって12月に爪が折れるのは、あまりにも忙しくて、寝不足が続くからです。

体は栄養を重要な臓器から順に運んでいくため、体が疲れすぎていると生命の存続に直接関係のない部位、爪や髪などへの栄養供給は後回しになり、爪や髪は弱くなります。

そんなときに何かの拍子に爪をぶつけて、折れてしまうのです。

爪と対話する

自分の爪が商売道具で、普段から「爪が命」と思っている私にとって、その爪が折れたときには、ショックで息が止まるくらいの強烈なインパクトがあります。

そんなときは、目を閉じて深呼吸して、「爪さん、折ってしまってごめんね～。私はどうしたらいいかな～」と心の中で爪に問いかけます。

すると、毎年、同じようなメッセージが心の中に浮かんでくるのです。

「普段のあなたらしくないよ～。忙しくて心をなくしているよ～。ゆっくりしてね～」

そして私は心の中でこう応えます。

「本当だね～。ゆっくりするね～。爪さん、教えてくれてありがとう～」

私にとって、爪の異変は、爪からのメッセージであり、爪と対話することです。

爪が折れるという出来事によって、本当に大切なことを思い出すことができ、大きなケガや病気につながらずに済んでいるのだと思います。

そんな自分の爪に、感謝しています。

もしあなたも、普段と違って、ささくれが急にたくさんできたり、爪が大きく折れたり、爪に何か異変を感じたりしたときは、ぜひ、目を閉じて深呼吸して、自分の爪に問いかけてみてください。

そして、どんなメッセージを伝えているのか、想像してみてください。

「ひび割れ」「欠ける」「折れる」の違い

ひび割れ（一次被害）

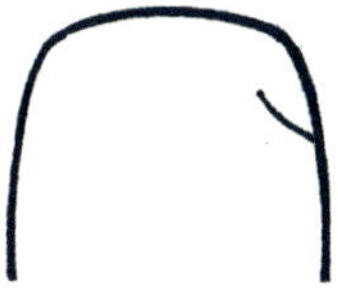

↓ 放置すると

欠ける（二次被害）

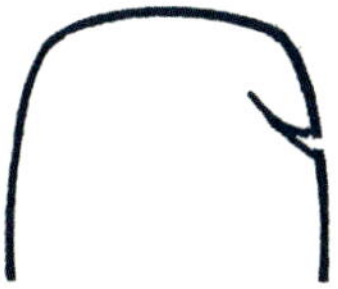

↓ 放置すると

折れる（三次被害）

THE RULE OF IKUZUME

32

キレイは爪から始まる

「今の自分の手のままでは、キレイな指輪は似合わない。指輪が似合う爪になったら買いにいきたい」と言うお客さまがいました。こんなふうに、**自分の爪の形や表情に合わせて、身につける洋服やアクセサリーを選んでいる**方は少なくないと思います。

つまり、**爪が変わると、その先の選択肢が変わっていくのです。**今まで爪になんの興味もなかった人が、爪に興味をもちはじめることで、どんどんおしゃれになって、キレイになっていった例を私は何人も見てきました。

爪は、あなたがキレイになるきっかけになるのです。

爪は体の末端ですが、その末端だけでもキレイになると、手もキレイにしたい、髪型も変えたいというように、ほかのところも理想の自分に近づけたいと思うようになります。

爪のキレイは、全身に伝染します。「キレイになりたい」と思ったら、まずは、爪からお手入れを始めてみてください。

爪をキレイにしたら部屋もキレイになった

育爪を実践している人の中には、爪をキレイにし始めたら、部屋の汚れが気になるようになって、部屋もキレイになった、という人もいます。

50代のある女性は、かつては爪を飾るのが好きで、ジェルネイルをしていたこともあります。でも、長くやり過ぎたせいか、爪が弱くなり折れやすくなったことで、40代でジェルネイルを卒業。以来、爪に意識が向かなくなり、手にかまわなくなったそうです。

それから数年後育爪の本と出会ったことで、爪のお手入れをするようになりました。オイルでケアし、爪を当てない暮らしをするうちに、どんどん爪がキレイになっていったそうです。そして、自分でちゃんとやれば、やっただけキレイになっていく喜びや、キレイになっていくことの気持ちよさを実感するうちに、掃除に目覚めたと言います。

爪に関心を向けることで、自分自身や自分の生活に目がいくようになり、それまでは散らかっていても気にならなかった自分の部屋にも目が向くようになったのかもしれません。

THE RULE OF IKUZUME

33

爪を大切にすることは、自分を大切にすること

スクール生の村さんは、「爪が貧相なので何とかしたい」と悩んでいました。爪を見せてもらうと深爪でした。

村さんは、スクールで習ったことを1つひとつ実践し、そのすべてを楽しんでいるようでした。爪用の紙やすりで爪を削る作業を「無心になるので禅のようです」と言って気に入っていました。オイルでのケアや、爪を当てない指使いには、自分自身に向き合う感覚があったそうです。

そして、**深爪がだんだん変化するのに伴って、自分自身の変化も感じていきました。**

彼女は長女で、子どものころから「私がしっかりしなくてはいけない」と思い、自分より家族のことを常に優先してきました。結婚して2人の子どもができてからも、その姿勢は変わらずに、自分のことはあまりかまわず、いつも後回し。

長年の家族優先の生活のためか、「自分のことはみんなのあと」が無意識のうちに習慣になり、子どものために自分が後回しになっているという実感がなかったようです。

自分を後回しにしていることに気づかせてくれたのが、**爪のお手入れ**でした。

自分のためだけに爪にオイルを塗ったり、指使いを変えたりすることで、自分にやさしくしていると感じて、自分を大切にするようになっていきました。

結果として、お子さんとバランスのよい距離が保てるようになり、家族のことを手伝いながら、自分のことにも時間を使えるようになったそうです。

結局のところ、自分のことを優先しないと何も始まりません。

爪を大切にすることは自分を大切にすることであり、自分のことを大切にできるようになると、周りの人のことも大切にできるようになります。

「まずは自分」から始まります。

THE RULE OF IKUZUME

34

爪をかわいがると自信が育つ

「そんな爪だった？　何かしたの？」

爪は目にふれやすいパーツのため、人は、いつも一緒にいる人の爪を意外と覚えているものです。そのため、キレイになるとすぐに気づきます。

育爪に取り組んでいると、

「何を塗っているんですか？」

「いつも、手を大切にしていますよね」

「物の扱いがていねいですよね」

と声を掛けられるそうです。


人は、ほめられると気分が良くなって、もっとキレイにしたいと思うものです。すると、爪だけではなく、メイクにも、髪型にもこだわるようになって、相乗効果でどんどんキレイになっていきます。

爪はほめ言葉を受け取りやすい

もし、爪をほめられたら、こんなふうに答えてください。

「ありがとうございます。そうなんです。私、自分の爪を大切にしているんです」

ほめ言葉をそのまま肯定して、受け取るのがポイントです。

爪は、体の中でも、ほめ言葉を受け取りやすいパーツです。

「すごくキレイになったね」と顔をほめられると、照れもあって、「いえいえ、そんなことありません」と謙遜する人も多いかもしれません。では、手はどうでしょうか。自分の爪が実際キレイになったと感じているときにほめられたら、「私の爪、やっぱりキレイに見えるんだ」と素直に思えます。

自信がついたら、**「ほら、キレイしょう？　自分でキレイにしたの」と自分から、人に見てもらうのもいいかもしれません。**

爪先まで気が回る私ってスゴイ

あるお客さまがこんなことを言っていました。

「毎日の出勤前や子どもの送り迎えに行くとき、どうしても爪のケアは最後になる。人に会うから、とりあえず髪の毛の寝癖をなおし、顔にはメイクをする。服もスウェットでは出かけられないから着替える。そのうえで、最後に気になってくるのが爪。人によっては、爪は何も気にしない人もいる。それなのに、そんな末端まで大切にしている自分がすごいって思えるの」

たしかに、爪は何もしなくても、外に出かけられます。とくに足の爪のお手入れに関して言えば、夏は別として、ストッキングや靴下の中に隠れるため、人からは見えません。でも、サロンに通うお客さまの4割くらいの人が1年中、手足両方のケアをしています。

足の爪は完全に自己満足の世界です。普段は見えない部分までお手入れしている自分はスゴイと思えるようです。足の爪がキレイになると、なにより自分が気持ちいいと感じます。

私自身、26年間以上お客さまの足の施術をしてきて、キレイな足の爪を見慣れていますが、今でも自分の足をお手入れした日は、入浴前に足の爪が目に入ると気分が上がります。

朝は爪を見てテンションを上げる

私は朝起きたらまず爪を見ます。起き抜けのときの爪が、1日の中で一番キレイだからです。夕方になると疲れて爪は血行が悪くなり、爪の形もいびつになります。朝起きるとリセットされて、爪の形も色もキレイになっています。

朝、そんな爪を見ると、新しい自分になったかのように気分が上がり、「今日はどんな1日になるかな〜?」と楽しい気分になります。

夜、入浴しているときに爪を見るのも好きです。朝の爪と同じくらい透明感があってキレイです。そんな爪を見ると、安心して眠りにつけます。

キレイな爪を見るのを習慣にすると、「今日も自分はOKだな」という感覚が積み重なっていきます。

THE RULE OF IKUZUME

35

相手を見極めたければ爪を見る

爪には普段の自分が表れます。

すっぴんの爪であれ、ネイルをしている爪であれ、爪をキレイにしている人は、それだけ普段から細部に気を配っていると言えますし、心に余裕があると言えます。

切羽詰まっている人はなかなか爪のお手入れにまで気が回りません。

何かを人に頼むときや相談したいときは、心に余裕のある人や、自分自身を大切にしている人を選ぶのではないでしょうか。

体の末端にある爪さえも、キレイな状態を維持し、大切にしている人は、自分自身を大切にしている人だと感じます。

ピンク部分が多い人は信頼できる

指がいろいろなところに当たると、すぐに爪が爪の下の皮膚からはがれて、白い部分が多くなります。ていねいな指使いをしている人でなければ、ピンク部分を伸ばすのは難しい。日々の心がけと行動の積み重ねがピンク部分の大きな爪をつくります。

そのため、ピンク部分が伸びていると、「この人は指使いがていねいだから、仕事もていねいかもしれない」と思ったりします。

最近、一緒に仕事をしたある男性は、爪の形が完璧でした。

深爪すぎず、爪をキレイに切りそろえていて、ささくれもない美しい爪をしていました。その方を観察していると、人と話をするときに、話し手の1人ひとりの正面に立ち、誠実に相手に向き合っていました。その姿勢から、人を大切にしているのは明らかでした。

爪を短くしている人でも、信頼できる人はいます。爪が短い人は、潔癖症でキレイ好きで、こだわりが強い人が多いです。

すっぴん爪はごまかしがきかない

素の爪がキレイな人は、ごまかしのない人とも言えます。

ネイルカラーでも、ジェルネイルでも、1回塗ると、すぐに爪がキレイになります。「爪をキレイに飾っている人だな」と感じます。逆に言えば、もし、荒れている爪だったとしても、塗ることで、その場はごまかすことができます。

素の爪はそうはいきません。半年間の生活習慣が表れます。

「すっぴん美爪は1日にしてならず」です。

人との信頼関係を築くには、時間がかかるものです。すっぴんの爪がキレイなら、信頼関係ができるとは言えませんが、初対面のときに「信頼できそう」という印象をもってもらえる可能性は高くなります。

THE RULE OF IKUZUME

36

本当にモテるのはすっぴんの美爪

男性はどんな爪が好きだと思いますか？

かつて、テレビ番組「ロンドンハーツ」で、「オトコ試験」というコーナーがありました。そこで、一般男性1000人に「彼女にしてほしいネイルは？」と聞いていました。選択肢は「クリア」「薄いピンク」「3D」「ストーン」の4択。

なんと過半数の526人の男性が、「クリア」の爪がいい、と答えていました。

男性は飾った爪よりも、素の爪に近いクリアを選んでいるのです。

もし、「何もつけない、キレイなすっぴん爪」という項目があったら、間違いなく、ダントツ1位だったと私は思います。私の周囲の男性に聞いても、「何もつけない、キレイな素の爪がいい」という人が多いからです。

なぜ、男性は「何もつけない、キレイな素の爪」が好きなのでしょうか。

彼らにたずねると、普段から、料理、洗濯、掃除をしているように見えるからとのことでした。結婚相手として女性を見たときに、家事をしているかを見る。そのときに、ジェルネイルや派手な装飾をしていると、「ネイルが取れちゃうから」と、家事をやらないのではないかと想像するのかもしれません。

でも、素の爪だったら、ちゃんとやってくれそうだと思うそうです。

ただ、家事をしてくれそうな手だからといって、ささくれがあったり、ひび割れていたり、皮膚がカサカサだとNG。美容をまったく気にしない人だと思って敬遠されます。**一番いいのは、美容も気にしつつ家事もやってくれそうな「何もつけない、キレイな素の爪」**だそうです。

実際にネイルをした状態で料理をしていて、ネイルのパーツがサラダの中に落ちてしまったとか、お米を研いでいるときに、ネイルがはがれ落ちたのに気づかすに、一緒に炊いてしまったという話はよく聞きます。

男性もそのようなことを聞いてイメージするのかもしれません。

私が言う「モテる爪」とは、男性だけでなく、女性からもモテる爪のことです。女性に聞いてみたところ、派手な爪よりは、キレイな素の爪に好感をもつ人が多かったです。飾りすぎている爪を目にすると、「スキがない人」と思って緊張するそうです。逆に素の爪の人を見ると安心するそうです。

また、**いくつになっても素の爪をキレイにしているのは、女性としてずっと自分に手をかけてきた証拠**になります。素の爪をキレイにすることは、時間がかかり、すぐにできないので、ごまかせません。「いつも自分を大切にし、人生を大切にしてきた」という印象を与えることにもなります。

そして、人は男女を問わず、「私なんて、どうせだめな人間だから」と卑下《ひげ》して、自分を大切にしない人よりも、自分を大切にし、自分に手をかけている人に惹かれるのではないでしょうか。

「自分を大切にする」というと、何から始めたらいいかわからない人も多いと思います。**自分の素の爪をキレイにすることは、今すぐに、お金をかけずに始められる「自分を大切にする」行為**です。

THE RULE OF IKUZUME

37

「思い込み」が外れると、一気に解決していく

サロンに通うお客さまからは、「足の爪のお手入れを続けていたら、爪が良くなっただけでなく、足や靴の問題がなくなった」という声をよく聞きます。

ここでご紹介するお客さまも足の問題を解決されました。足裏のほぼ全体の皮膚が分厚くなっているというお客さまでした。

ひと目見ただけで足裏が靴の中で大きく摩擦していることが想像できる状態でした。

その人は、足のかかとの上の側面の皮膚も分厚くなっていました。

その皮膚は痛々しいピンク色で、分厚いのに柔らかく、ところどころに深いシワがあり、まるでゾウの皮膚のように見えました。初めて見る皮膚の状態でした。

話を聞いてみると、毎日、分厚くなった部分を削っているとのことでした。

その日に履いてきた靴を見せてもらうと、すぐに足より大きい靴だとわかりました。

「いつも24センチの靴を履いているんですか？」

「はい大体このサイズの靴を買っています」

「靴が大きすぎるように感じます。もしかしたら、2センチくらい小さなサイズの靴がちょうどいいかもしれません。今度、靴屋さんで足を測ってきてもらえませんか？」


そして次のような説明をしました。


靴の中で足が動く範囲が大きければ、大きいほど、皮膚が分厚くなる。

1日に3000歩歩けば、3000回摩擦が起きている。

硬くなった皮膚は私たちの味方で、いつも私たちを守ってくれていること。

たとえば、テニスやゴルフをしていると、右手や左手の手のひらにタコができることがありますが、それは、継続的に強い力がかかる部分の皮膚が破れてしまわないように、硬く分厚くしているため。

足の裏も同じで、皮膚は相当早く成長しないといけないと思って、ひたすら頑張っていること。保護するために硬く分厚い皮膚が必要だから、皮膚が育つのだから、皮膚が硬くなっても、1ヵ月に1度くらいしか削ってはいけないこと。毎日皮膚が厚くなって毎日削ると皮膚が薄くなり、表面がピンク色になること。

しかし、その方は私の提案や説明に納得していない様子でした。

そこで、以前にヒールで来店した別のお客さまの話をしました。

ある日、小指の表面に硬いタコができている人がヒールを履いて来店しました。タコをすべて削り取ってほしいと言われましたが、私は、「今のヒールを履くために必要だからこのタコがあるんです」と説明して、ほんの少しだけ削り、完全に削り取りはしませんでした。そのお客さまは納得しない様子でお店を出ていきました。

後日、そのご本人から聞いたのですが、その日、店を出た後に皮膚科に行って、研磨マシンで小指の表面の硬い皮膚をすべて削り取ってもらったそうです。すると、ヒールを履いた途端に、小指に激痛が走り、一歩も歩けなくなってしまいました。そして、ヒールを脱いですぐにタクシーを拾い、帰宅したそうです。


このお話をすると、大きな靴のお客さまはやっと「1センチ小さい靴を買って帰る」と約束してくれました。私は、毎日その靴以外は履かないこと、1ヵ月後に来店するまで皮膚の分厚くなった部分を削らないこと、毎日オイルを塗って保湿することの3点をお願いしました。1ヵ月後に硬い皮膚が今より減っていたら、さらにもう1センチ小さな靴を買って帰ることも加えてお願いしました。そのお客さまは、すべてを実行してくれました。

その結果、1ヵ月後には硬い皮膚の量は、はるかに減っていました。痛々しかったピンク色の皮膚も、色の鮮やかさがなくなっていました。帰りに1センチ小さい靴を買うことも、また承諾してくれました。翌月に来店したときには、皮膚の色も落ち着いてきて、いずれ硬い皮膚がなくなることを確信している様子でした。

「私、ずいぶん大きな靴を履いていたんですね」

新しい情報によって思い込みが変わり、自分の信じていたことを止める決意をし、新しい行動をしてくれると、私はいつも嬉しくなります。こうなると、必ず根本解決に向かうからです。対症療法をしても原因となる思い込みを取り除かなければ、同じ問題が必ずまた起こります。

新しい情報を得て、それが自分にとって有効なのか実際に試してみて、有効であれば採用し、有効でなければ採用しないで次の方法を探す。

これを繰り返していくと、思い込みが変わっていきます。

そして、思い込みが変わると、今までの苦労がウソのように根本解決に向かいます。

THE RULE OF IKUZUME

38

原因は自分の中にある、だから自分で変えられる

20～22歳のころ、私は膀胱炎を繰り返していました。

当時の私は、「膀胱炎は清潔にしていれば治る」と信じていました。1日2回お風呂に入っては、全身をくまなく洗って、「ばい菌を全部やっつけて、自分はキレイになった！」と思っていました。

尿意があれば我慢しないですぐトイレに行くようにして、膀胱炎にならないように気をつけていたつもりでした。

しかし、実際には、2年くらいの間、治ったり再発したりを繰り返していました。

ある日、友人にその話をしたら、大きな病院に行って調べたほうがいいと提案され、早速、病院に行きました。

病院では1時間ほど問診があり、味噌汁やスープなど食事中の水分も合わせて、1日に

大体どれくらい水分を摂っているのか、内容を含めて細かく聞かれました。

そこで初めて、私が摂る飲み物には、すべてカフェインが入っていることに気づきました。煎茶、紅茶、ウーロン茶など、それらを必ず食後に摂っていました。一方で、水やお湯といった純粋な水分は摂っていなかったのです。

医師はこう言いました。

「カフェインが入っていると、利尿作用があるのでトイレが近くなるかもしれません」

医師がもう1つ気にとめたのは、私が1日に2回入浴をしていたことでした。

「石鹸を使って体中を洗いすぎているかもしれませんね。人間は全身が免疫で守られています。とくに肌はバリア機能があるので、石鹸をつけて洗いすぎてしまうと、乾燥し、バリア機能も破壊されるんです。これからは1日1回の入浴にしてもらってもいいですか？膀胱炎だからといってお尻周りを石鹸で洗いすぎないでくださいね」

私は毎日アライグマのようになっていました。1日入浴2回が習慣になっていたので、それを止めるのは、辛いことでした。しかし、腎臓や膀胱について詳しい医師に「入浴は1日1回にするように。約束ですよ」とまで言われ、実行するしかないと決意しました。

その日から1日1回だけの入浴と、処方された抗生物質を1日1錠、30日間飲むことになりました。その抗生物質は、以前、私が膀胱炎になったときに別のクリニックで処方されたのとまったく同じで、当時は1日3錠を5日間だけ飲んでいました。あまりにも以前と服用法が異なるため、1日に1錠で効果があるのか、30日も飲み続けて大丈夫か、不安でしたが、医師の指導の通りにするしかありませんでした。

お風呂を1回に減らし、カフェインが入った飲み物も減らして、1日1錠の抗生物質を30日間飲んでいると、膀胱炎になりませんでした。30日目に病院へ行くと、「念のため」と同じ薬を処方され、同じ生活をさらに1ヵ月間繰り返しました。すると、あんなに繰り返していた膀胱炎に、その後10年くらいかからなかったのです。

悩みの原因は生活の中に隠れている

私は自分の生活習慣が膀胱炎をつくり出していた原因だとわかりました。

生活習慣は、人の思い込みからつくられています。その思い込みを変えない限り、悩みの原因はなくならないのです。私は、その医師と出会わなければ自分がアライグマになっているとは気づかなかったはずです。何か異常な状態になっているときは、必ず生活の中に原因が隠れていることを、自分の身をもって学ぶことができました。

この経験をきっかけに、「爪のトラブルや悩みの原因も、その人の思い込みにあるのでは？」と思うようになりました。

たとえば、小学校では、「爪は清潔にしないといけない」と言われ、白い部分を短く切るよう指導されます。それによって、「深爪にしていない爪は不潔」という思い込みをもっている人が多いのです。そのため、大人になっても、白い部分が少しでも伸びたら、白い部分をすべて切り取ってしまうという人が少なくありません。

爪の悩みの原因は、必ずあなたの生活の中に隠れています。

あなたに必要なことは「爪を変える」という決意です。

「爪を変える」決意をすると、今の爪の状態になった原因行動を自然と探し始めます。思い当たる原因行動が見つかったら、その行動を起こさせている思い込みが浮かび上がってきます。思い込みが見つかると、自然と生活習慣が変わってきます。生活習慣が変わると、自然と健康でキレイな形の爪が育つようになります。

あなたの思い込みが生み出した爪の状態は、あなた自身で変えることができるのです。

THE RULE OF IKUZUME

39

爪はもち歩けるパワースポット

「パワースポット」と呼ばれる場所が日本をはじめ、世界中にあります。

人工物では神社、お寺、教会、寺院など、自然環境では、泉、滝、川、木、森など。またはそれらの中にある特定の場所がそう呼ばれています。そういった場所は人によって清められていたり、状態が維持されるよう手厚く保護されていたりします。人の手で手間をかけてパワースポットが維持されていると感じます。

私は、自分の指先についている爪がパワースポットになり得ると信じています。神は細部に宿ると言いますが、爪に手間をかければかけるほど、エネルギーが爪に宿っていくのを感じます。エネルギーをもらって育った爪からはエネルギーが溢れ出し、そのエネルギーは全身を包み込んでくれます。すると、あなたのエネルギーのコップが満たされていき、やがてあなた自身からエネルギーが溢れ出るようになるのです。

あなたの爪がパワースポットになり、あなた自身がパワースポットになる。つまり、爪に手間をかければかけるほどエネルギーが自然に湧いてくるので、枯渇《こかつ》することがなくなります。そして、溢れ出すエネルギーを、周りの友人にも分け与えることができるのです。

自分への信頼を育てる

大好きなペットを見て、その純真無垢《じゅんしんむく》な表情やしぐさに癒されるように、自分が手間をかけてお手入れをした爪を眺めると、安らかで幸せな気持ちになり、自然と顔がゆるんで微笑みが浮かぶようになります。**自分の爪をお手入れすればするほどキレイになるので、その爪を見るだけで癒されるようになるのです。**

自分を大切にしているあなたの存在は、まるで可愛らしい動物や美しい花のように、周りにいる人に安心感や元気を与えるパワースポットになります。

あなたは自分の行動を覚えています。誰が何を言おうと、行動した事実は消えません。その行動の積み重ねがキレイに変化した爪をつくったと知っています。

そして、爪以外のことでも自分次第で変えられるという自信になっていきます。

爪を育てることを通じて、あなたは自分への信頼を育てることになるのです。

髪は長い友、爪は一生の友

「髪は長い友」と言いますが、抜けてしまう人もいます。でも爪は、抜けてなくなる人は、ほぼいません。亡くなるその瞬間まで指についています。

80代からでも手遅れではありません。80代からでも筋肉と脳は成長すると言います。筋肉も脳も、鍛えれば鍛えるほど活性化します。実は、爪も何歳からでも育てることができます。実際、何人もの80代の人が、どんどんキレイになっています。

しかし、究極的には、爪が育っても育たなくても、キレイでもキレイでなくても、どちらでもいいのです。**キレイな爪だから素敵なのではなく、あなたが爪という体の末端にある小さなパーツを大切にしていること自体が素敵で美しいのです。**

爪は一生涯にわたってあなたが内面から輝きを放つ源泉になるでしょう。

30年間、爪噛み癖で人目を気にしていた北条聡さんの場合

北条聡さんは、サロンに通って9年以上になる男性です。明るい方ですが、初めて来店したときは、「人に爪を見られないようにいつも気にしていて、気疲れする」と言っていました。聞けば、30年近くずっと爪を噛んでいたとのこと。

仕事をしていると、名刺を出すなど、いろんなシーンで人に手を見せることがあります。当時は、いつも人から爪を見られている気がして、手の置き場に困っていたそうです。そんなある日、「北条さんって深爪ですね」と面と向かって言われ、こう思ったそうです。

「爪を見てる人は結構いる。深爪で、しかも爪を噛んでいることがばれるのは嫌だな」

それから、さらに爪のことが気になり始め、隠すようになりました。

たとえば、会議のときは、手はテーブルの上には出さず、常に膝の上に置くか、テーブルの下に隠して見せないようにしていました。初対面の人には、とくに爪を見せたくなかったそうです。

「どうしたら噛まなくなるんだろう」

北条さんはそんな悩みを抱えて、サロンに来店しました。

通い始めてすぐに30年続いた噛み癖に終止符が打たれました。オイルを塗ると噛みたかった場所がわからなくなり噛まなくなったのです。

ここから北条さんの爪の好循環が始まりました。爪を噛まなくなると、爪や皮膚がツヤツヤしてキレイに感じ、ますますオイルを塗る。指先がキレイになるから、嬉しくなり指使いを変える。すると、爪のピンクがどんどん伸びる。

今では、誰が見てもピカピカの指先です。以前は、常に頭から離れなかった「爪を見られないようにしよう」という心配は、まったくなくなりました。

そんな北条さんは、数年前に奥さんになる人と出会い、今では結婚して、ご夫婦でサロンに来店しています。北条さんはいきいきと次のように語ってくれました。

「30年近く噛んでいた爪を、まるでそんなことがなかったかのような爪に変えられた。今まで難しいと感じていたことも、もしかしたらできるかもしれない。そんな自信がつき、以前より行動的になりました」

CASE 2

食生活が変わって健康になった音羽まりさんの場合

音羽まりさんが、25年前にサロンに初めて来店したとき、まるで小さなしじみが10本の指先すべてにくっついているような見た目でした。爪の根元の甘皮は、面積が小さく逆三角形になっています。爪は先に行くにしたがって扇形に広がっていました。

「私の爪、『しじみちゃん』なんです。この爪が嫌なんですが、何とかなりますか？」

当時の私は初めて見る形の小さな爪を前にして、正直、変わるかどうかわかりませんでした。一方で、多くの人が別人の爪のように変わったのも見てきていました。

「何とかなるかもしれません。ダメもとでやってみましょう」

2週間に一度、お手入れしに来てもらい、手指の使い方について、新しい習慣を提案していきました。

すると、なんと1年もしないうちに変化が現われました。2年後には、音羽さんのすべての指の爪が、立体的でキレイな形の爪になったのです。

「以前は手をグーにして爪を隠していたのに、人前に手を出せるようになりました。手や爪を大事にする生活習慣に変わって、物の取り扱いもていねいになりました。今では自分の手を見てうっとりしています」

音羽さんは、爪の形がキレイになってからも2週間に一度通い続け、今ではもう25年になります。最近、「爪が変わったことで、何が一番変わりましたか?」とたずねてみました。

「食生活が変わって健康になりましたね。18年くらい前に子宮筋腫が見つかったんです。そのときに思いました。爪を変えようと思って爪を大事にしたら、本当に変わった。だったら、体を大事にしたら体も健康になるかもしれないって」

音羽さんは、病気が見つかる前は、肉団子と肉しゅうまいをおかずにして白米を食べるくらい肉中心の食生活だったと言います。

それが、病気をきっかけに葉物の野菜をたくさん摂るようになり、10キロマラソンにも参加するようになりました。

以前は肉で埋め尽くされていた冷蔵庫が今では野菜で埋め尽くされ、すっかり健康になったそうです。

体調が改善し仕事を楽しめるようになった武石恵さんの場合

武石恵さんは1年半ほど前に入店した自由が丘店のスタッフです。以前は、大手や個人経営のネイルサロンで15年間ネイリストとして勤務していました。

しかし、施術を続けるうちに、爪や指先の皮膚がボロボロとはがれ、頭痛が出るようになりました。そのうちに、ジェルネイルのアレルギーも発症。ジェルネイルを削った際に舞い散る粉が皮膚に触れると、皮膚が真っ赤に腫れて広がり、かゆくなったり、水疱《みずぶくれ》ができたりするようになりました。その症状は年々悪化。自分の爪や指がボロボロになって、手や腕がかぶれるようなものを、果たしてお客さまに施術していいのだろうかと、矛盾を感じて悩むようになりました。

また、勤務時間が長く、休暇も取りづらかったため、体と心の不調が続き、今のままでいいのか不安になり、転職を考えるようになりました。ネイルの仕事は好きだったので、何か技術を生かしてできることはないかと探していたところ、インターネットで育爪の存在を知ったのです。そして、育爪のスクールに通う中で、今までとまったく違う発想からもたらされる次のような数々の体験に衝撃を受けました。

・爪の生え際をいじる癖が、オイルを塗るといじらずにいられるようになった
・オイルと水を混ぜて乳化したものを塗ることで、素の爪なのに折れなくなった
・オイルを塗るようになったら、皮がむけるほどだった手の炎症が落ち着いた
・爪の先が弧を描き、両端の角をなめらかにした「アークスクエア」という、育爪が理想とする爪の形には、圧迫感や物が引っかかる扱いづらさがない
・指の使い方を変えたら、本当に爪のピンク部分（ネイルベッド）が大きくなった

そして、入店を決断。育爪に出会う前は、体調不良や矛盾を抱えた仕事で、不安な日がありましたが、今では、ジェルネイルや有機溶剤に触れる機会がなくなって体調が良くなり、仕事に感じていた矛盾もなくなりました。休んではいけない、買ってはいけない、食べてはいけない、といった自分で自分を縛りつけていた思い込みも減って積極的になり、快適な体で純粋に仕事を楽しんでいるそうです。

朝、起きられるようになった小柳はるこさんの場合

小柳はるこさんは、とてもおもしろくて、おっとりしていて、お話好き。はじめてサロンにいらしたときは、手の爪も足の爪もボロボロの状態でした。深爪で爪は小さく、表面も乾燥しきってガサガサでした。「何があったのかな」と原因を知りたくなるほど荒れていました。

何回か通われたあと、小柳さんがこう言いました。

「私ね、テレビ依存症なの。お医者さんは、『テレビを捨てなさい』って言うんだけれど捨てられなくて」

さらに、聞いてみると、テレビが大好きで、次から次へと録画をしてそれらをすべて見るために夜中の3時ごろまで起きている。だから朝が起きられない。人との約束も守れないから、本当に困っている。だけど、テレビは絶対に捨てられないから、「テレビを捨てなさい」という医師のところに行くのをやめてしまったということでした。

言われてみると、小柳さんは、サロンの予約をしていても、「今、起きたの」と言って

キャンセルになることが何回かありました。それでも予約をお取りし、ケアを続けていると、小柳さんの手や足の爪のピンクが増えて、だんだんキレイになっていきました。「爪がキレイになって、すごく嬉しいわ」と何度も言うようになりました。そのころから、ちゃんと予約通りに来られるようになりました。

「テレビを見る時間も減ったのよ」

小柳さんがポツリと言いました。今となっては、何であんなにテレビに時間を費《つい》やしていたのかわからないそうです。

来店のたびに、私やスタッフが「爪がキレイになりましたね」と喜ぶと、小柳さん自身も「みなさんのおかげよー」と喜んでくれます。

そんなこともあってか、爪がキレイになることに、強い満足感があり、テレビに使う時間が減ってきたのかなと私は考えています。

今、小柳さんは、テレビを見るのをやめたわけではありません。テレビも見て、爪もキレイにして、朝も起きられるようになった。すべてがバランスよくできるようになったのです。

嶋田美津恵の場合

以前の私は香水や化粧品など化学物質にまみれた生活でした。自分の爪に一度ネイルカラーを塗ったら、2週間はずっと塗ったまま。2週間経った夜にネイルカラーを取って、翌日の夕方にまたネイルカラーを塗っていました。爪には除光液が一番悪いと思っていたので、できるだけ長くネイルカラーをもたせるようにしていたのです。

ネイルカラーを塗っていたころ、自分の爪が少し乾燥していることに気づいていました。とはいうものの、私の爪はネイルカラーやデザインの見本でもあります。だから塗りたくないときもネイルカラーをしておかなければなりませんでした。

長年ネイルカラーを塗り続けていたため、色素が沈着していました。そんな爪を自分で見るのも、お客さまに見せるのも嫌だったので、塗り続けて隠していました。当時は健康なすっぴん爪とは、どのような状態なのかわかっていませんでした。

乾燥や色素の沈着があるのが日常で、あまりにも当たり前になっていました。だから、その改善策を探すどころではなく、心のどこかでしょうがないとあきらめていたのかもしれません。それが、ある日突然、化学物質過敏症という病気になって、ネイルカラーもベースコートも、有機溶剤が入ったすべてのものを塗れなくなりました。

そのとき、「こんなにキレイに塗れるようになったネイルカラーの技術をやめないといけないんだ……」と思う一方で、「もう塗らなくていいんだ」と心の底でほっとしていた自分もいました。「これから先どうなっていくんだろう」という不安はありましたが、なぜか、「これから先は、良い方向にしか向かっていかない」気がしていました。

思い返せば、当時はお正月や休日のごく限られた日以外、すっぴんの爪で過ごすことはありませんでした。10年ほどは、ほぼ毎日すべての爪に色が塗られていました。

ネイルカラーをやめたら、沈着で茶色くなってしまった部分が消えていき、キレイになっていくのを見ると、本当に嬉しかったです。

完全に沈着がなくなったときは、「沈着がない爪ってキレイだな」「本来の爪ってこんなにピンク色だったんだ」とあらためて気づき、感動さえ覚えました。

乾燥がなくなっていて、爪の表面はツルッとして自然なつやがある。しかも、キレイなピンク色。素の爪のままでもこんなにキレイな爪に、私はなぜネイルカラーや透明のコート剤を塗っていたんだろう、と思うようになっていきました。

自分の爪がキレイになっていくとともに、体調も良くなっていくと、私の中に「ある思い」が生まれました。すっぴんの爪のすばらしさを、たくさんの人に広めたい。飾らなくても爪をキレイにできることを知ってほしい。爪の形が変わることを知らない人たちに、「爪の形は変わる」ことを伝えたい。

爪が自然の状態でキレイになっていくにつれて、生活も変わりました。化学物質を排除した生活にせざるを得なかったこともありますが、健康志向に変わっていったのです。有機栽培や無農薬栽培の野菜や果物を食べ、健康のための本を読み、さまざまなメンテナンスに通うようになりました。無理をせずに自然体でいることが気持ちよく、「キレイはあくまでも健康がベースである」と思うようになりました。

化学物質過敏症になったことで、私の人生は大きく変わりました。ネイルで爪をキレイにする毎日から、すっぴんのままの爪をキレイにする毎日に代わりました。育爪が生まれ、新しいお客さま、新しいスタッフ、新しい友人に出会いました。健康を強く意識するようになり、お化粧もしなくなり、夫とも出会いました。

爪を変えることで、多くの人の運命が変わるのを見てきました。でも、振り返ってみると、私自身が、爪を変えたことで、運命を大きく変えてきたのかもしれません。

Epilogue 爪を愛するすべての人へ

あなたがすっぴんの爪を育てはじめると、次のような変化を体験していきます。

1. いい気分になる
2. 笑顔になる
3. 幸せな時間が増える
4. 免疫力が上がる
5. 動作がていねいになる
6. 自分のことが好きになる
7. セルフイメージが変わる
8. 自信が湧いてくる
9. 不安が減って行動が早くなる
10. 理想の自分に近づく

私がいつも驚くのは、これらの変化は、目標を達成して初めて訪れるのではないということです。目標を達成していなくても、取り組んでいるだけで変化を体験していくのです。

爪の役割は、指先を保護することです。手の爪があるから、物をつかめます。足の爪があるから、体重を支えられ、歩けます。爪がなければ、生活の質は著しく低下します。

大むかし、道具や機械などの文明の利器がなかった時代は、硬く鋭利な爪は便利な道具でした。ここ数十年はネイル材料が目覚ましく発展し、爪は装飾を通じた自己表現の手段であり、気分を高揚させてくれるファッションという側面が大きかったと思います。

これからの時代は、ネイルをしているか、すっぴんかに関わらず、爪は「自分の内面を映し出す鏡」という側面が大きくなっていくと感じています。

ジェルネイルをする。ネイルカラーや透明コート剤を塗る。表面を磨く。爪を育てる。爪に手をかけるのは、自分で自分にエネルギーと愛情を注ぐ行為です。

より素敵な自分、より素晴らしい人生とはどんな状態なのか、自分の本心と向き合っているからこそ生まれる行為です。

そんなふうに理想の自分、理想の人生を追求していること自体が、すでに美しいのです。

そして、たった今、爪を気にかけているあなたが、すでに美人なのです。

嶋田美津惠

参考文献

『爪は病気の警報機―毎日一回、「じっと手を見る」健康診断』東 禹彦（祥伝社）
『奇跡が起こる爪もみ療法』安保 徹（監修）、福田 稔（監修）（ビタミン文庫）
『効く！爪もみ』鳴海 理恵、一般社団法人 気血免疫療法会（監修）（河出書房新社）
『朝の一杯 白湯を飲むだけ健康法』蓮村 誠（監修）（日本文芸社）
『JNAテクニカルシステム ベーシック』NPO法人日本ネイリスト協会・教育委員会
『JNAテクニカルシステム～フットケア～』NPO法人日本ネイリスト協会・教育委員会
『JNAテクニカルシステム ～ジェルネイル～』NPO法人日本ネイリスト協会・教育委員会
『ネイルケア&ネイルアートバイブル』NSJネイルアカデミー（監修）、仲宗根 幸子（監修）（成美堂出版）
公益社団法人日本皮膚科学会　ウェブサイト　https://www.dermatol.or.jp/
神楽坂　肌と爪のクリニック　ウェブサイト　https://www.hadatotsume.com/
いわい中央クリニック　ウェブサイト　http://www.iwaichuo.com/

嶋田美津恵（しまだ・みつえ）

育爪スタイリスト。育爪サロン「ラメリック」代表。素の爪を育てる「育爪サロン」を大阪と東京で2店舗経営。爪を飾る必要すら感じないほど美しくなり、かつ維持するのもラクとリピーターが殺到し、自由が丘店の土日の新規客は数年待ちの状態。大手ネイルサロンに勤務後、１９９３年、付け爪なしで爪の形が変わるネイルサロンを大阪で開業。１９９５年、東京にも出店。２００３年、化学物質過敏症を発症し、これを機に有機溶剤をいっさい使わず素の爪を育てる育爪サロンに完全移行。育爪サロンとして２０２０年で18年目を迎える。これまでに施術してきた人数は1万人を優に超える。著書に『育爪のススメ』（マガジンハウス）がある。

育爪サロンラメリックＨＰ
https://ikuzume.jp/

女《おんな》は爪《つめ》で美《び》人《じん》になる

ネイルしない、磨《みが》かない、ムリしないでキレイになる

２０２０年　7月26日　初版第1刷発行

著者　嶋《しま》田《だ》美《み》津《つ》恵《え》
発行者　小川淳
発行所　ＳＢクリエイティブ株式会社
〒１０６－００３２
東京都港区六本木２－４－５
電話：０３－５５４９－１２０１（営業部）

モデル　木村有芳（ラメリック）
ブックデザイン　吉田憲司＋宍倉花也野（ツマサキ）
ＤＴＰ　青木佐和子
イラスト　池田須香子
編集協力　小川真理子（文道）
企画協力　ブックオリティ
校正　新田光敏
撮影　伊藤孝一（ＳＢクリエイティブ）
編集　杉本かの子（ＳＢクリエイティブ）
印刷・製本　三松堂株式会社

ISBN 978-4-8156-0502-5

本書をお読みになったご意見・ご感想を下記URL、QRコードよりお寄せください。
https://isbn2.sbcr.jp/05025/

＼ スペシャル特典 ／

「素の爪専用・紙やすり」について

本書のスペシャル特典の紙やすりは、育爪サロン ラメリックが初心者の方にも使いやすいよう特注した素の爪専用の高品質な紙やすりです。

裏面（真っ白い面）が爪を削る用、表面（「IKUZUME」の文字入り）が仕上げ用です。削る面は思い通りに形を整えやすいように、仕上げ面は爪先断面を指の腹でなでたときにツルツルが実感できるように、目の細かさを追求しました。

紙製のため、ガラス製、金属製、木製（エメリーボード）と比べて爪や爪母への負担や不快感も少なく、中央に高性能クッションをはさんでいるため、爪を削る際に爪や爪母にかかる圧力と揺れが吸収される爪に優しい仕様です。また、「削る」「仕上げ」が1本で済むため持ち運びにも便利。ウォッシャブル仕様のため洗って繰り返しお使いいただけます。

サイズ

長さ89ミリ×幅19ミリ×厚さ4ミリ

グリット数

表面（「IKUZUME」の文字入り）：グリット数400
裏面（真っ白い面）：グリット数240

使用上の注意

- ネイルファイルは消耗品です。使用後は液体せっけんをつけて、歯ブラシなどの小さなブラシで軽くこすったあと、よく水洗いして完全に乾かしてからお使いください。濡れたまま使用すると研磨剤（粒）がはがれやすくなり、早く消耗します。
- 本書の内容に基づいた、爪のお手入れだけにご使用ください。
- 力を強く入れすぎたり、勢いよく削ると、縁の部分で皮膚を傷つけることがあるのでご注意ください。

商品の問い合わせ先

育爪サロン ラメリック　https://ikuzume.jp/tsumebijin

―巻末付録―
育爪の詳しいやり方まとめました！
HOW TO IKUZUME

運命を変える

「育爪」3 STEP

STEP 1

「爪」を整える

短くても長くても美しく見える形にします。
目指すのは「アークスクエア」と呼ばれる穏やかな楕円形のカーブ。
平たい爪でも立体的に見え、ダメージを受けにくく、
爪のピンク部分が伸びやすくなります。
爪先の形は爪用の紙やすりで整えます。

STEP 2

「爪」をケアする

爪のトラブルのほとんどの原因は乾燥です。乾燥していると、
物とぶつかって少し衝撃が加わるだけで、爪がひび割れます。
1日に何度も爪の裏からオイルを塗り、水と混ぜて乳化させて、
指や爪全体に塗ってケアすることで潤い、
弾力のある丈夫な爪になります。

STEP 3

「指使い」を変える

爪を道具のように使ったり、
指先を使う動作で知らないうちに爪が当たっていると、
負荷が加わり、ピンク部分がはがれてしまいます。
日頃から、指使いに気をつけることで、
ピンク部分の長い美しい爪が手に入ります。

STEP

1 「爪」を整える

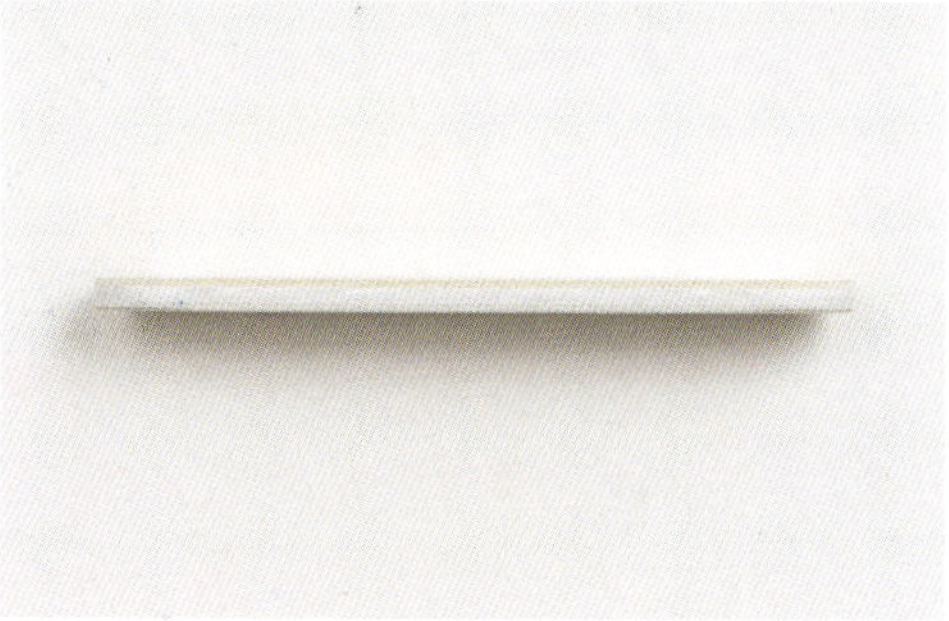

付録の素の爪専用の紙やすりについて

付録の素の爪専用の紙やすりは、ウオッシャブルタイプで、洗って繰り返し使えます。毎回、使ったあとは、水で洗いしっかり乾かせば、衛生的で長持ちします。携帯に便利なミニサイズで、間にクッションが入っているので、育爪初心者にとって扱いも楽です。裏と表のグリット数が違いますので、1枚で爪を「削る」「仕上げる」の両方ができます。

表：仕上げ面

「IKUZUME」とプリントしてあるのが表面。400グリットで、目が細かくなっています。爪の長さを短くしたり、形を整えたりしたあと、断面をなめらかにするときに使います。

裏：削る面

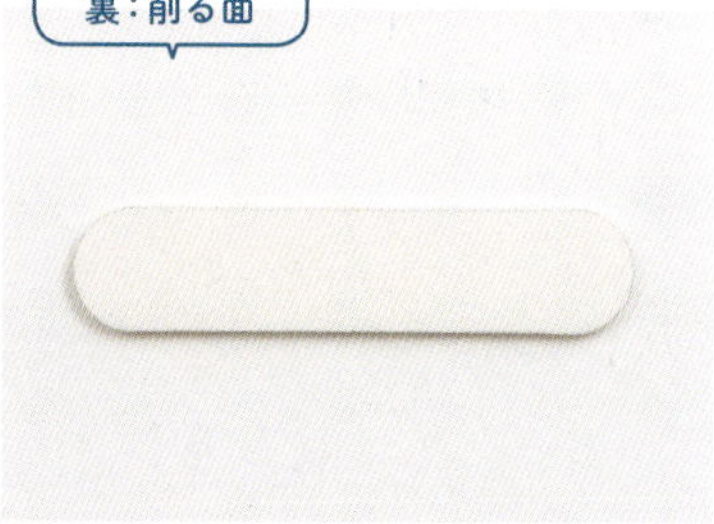

何もプリントされていないのが裏面。240グリットで、目が粗くなっています。爪の長さを整えるとき、カーブやサイドの形を整えるときに使います。

爪の整え方の手順

1 長さを整える (p05)

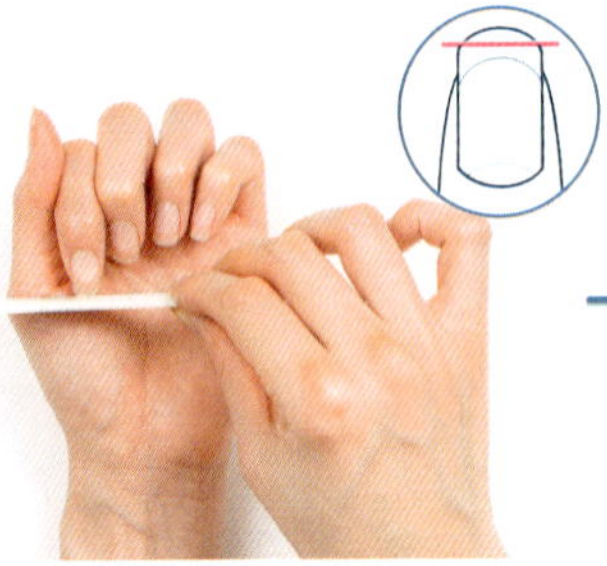

2 カーブをつくる (p06)

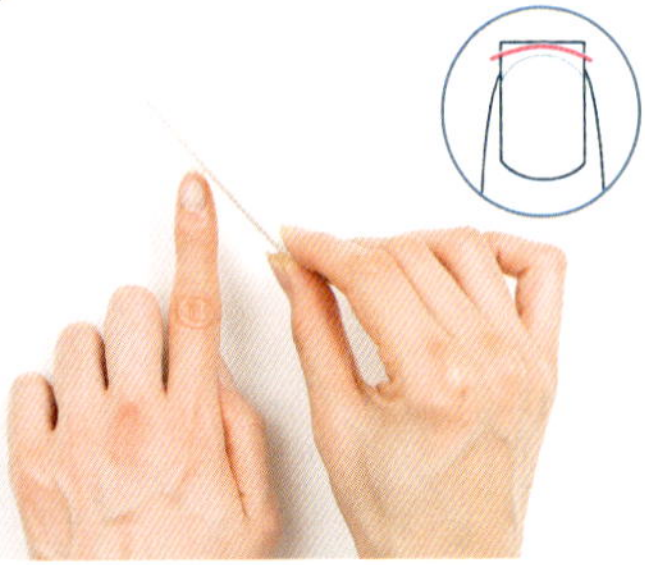

3 サイドを削る (p07)

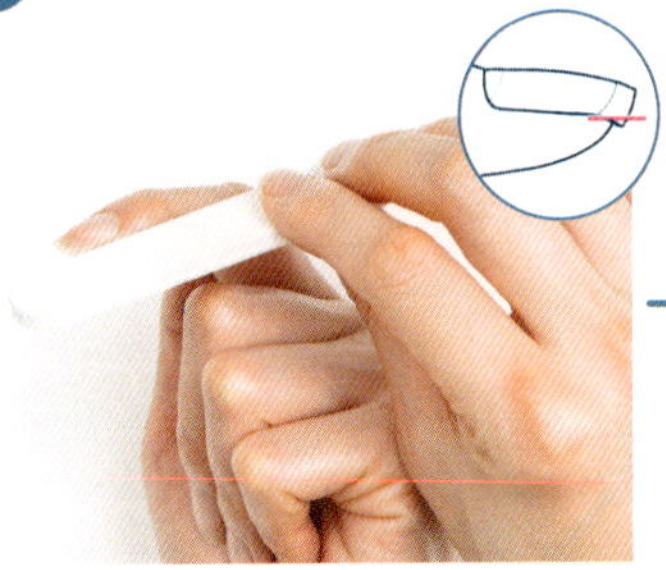

4 角を整える (p08)

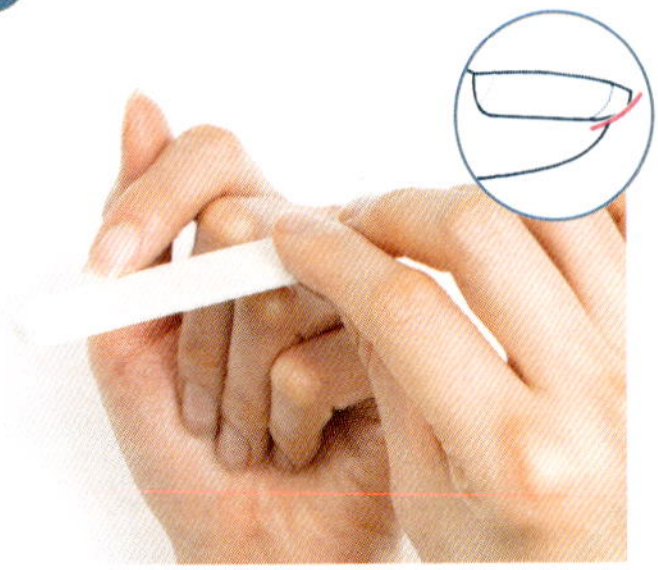

5 バリをとる (p19)

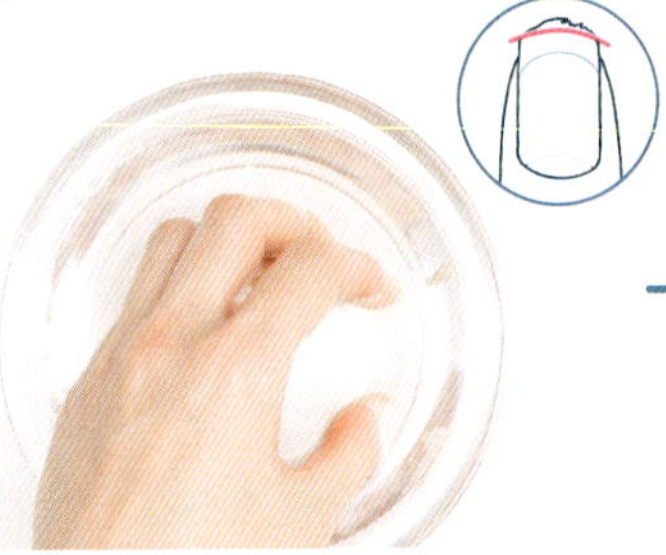

6 断面をキレイにする (p20)

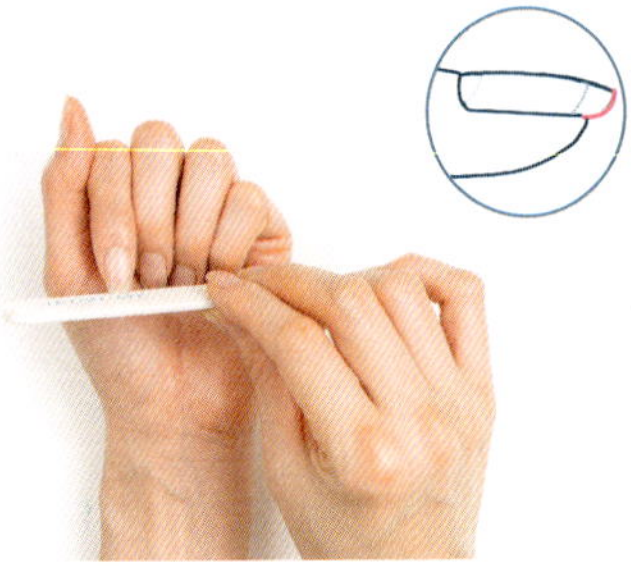

① 長さを整える

使うのは裏面の目の粗い紙やすりです。
まず、対象となる指をゆれないように、隣の指などでしっかり固定し押さえます。
そして、紙やすりを爪に密着させてゆっくり動かします。
動かし方は、「一方向にだけ、ゆっくり」です。粗い紙やすりは多く削れます。
速く削らずに「一方向」「ゆっくり」を守ってください。

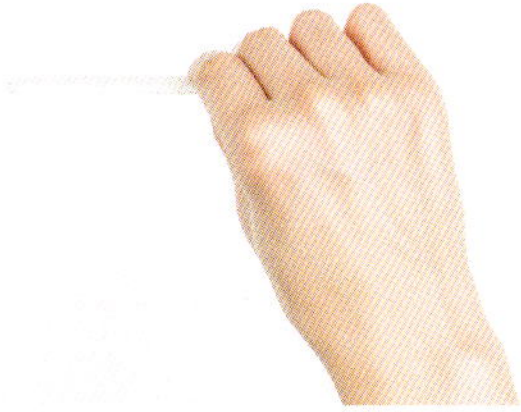

紙やすりの持ち方

紙やすりの3分の1から4分の1の部分を、下側を親指で、上側を小指以外の3本指で、強く握ります。

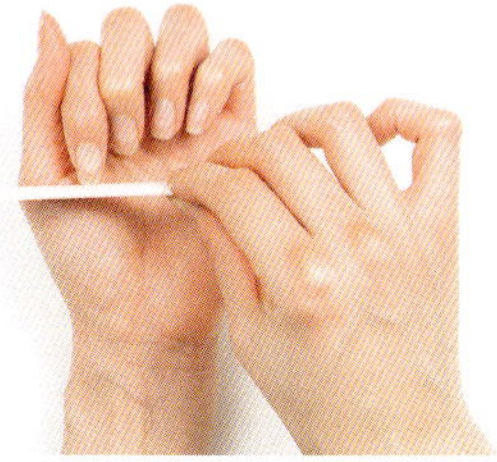

紙やすりの当て方

紙やすりと爪に対して90度の角度で当てます。削る対象となる指は、動かないようにほかの指でしっかりと押えます。

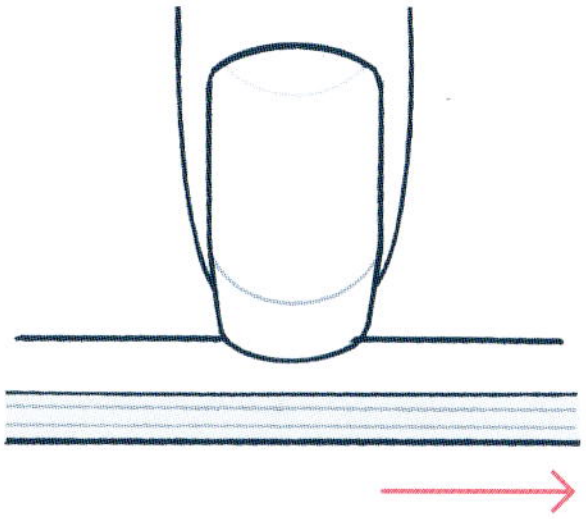

紙やすりの動かし方

紙やすりは爪にある程度密着させて、力を抜いて、一方方向にゆっくりと引きます。往復引きはしないこと。

長さについて

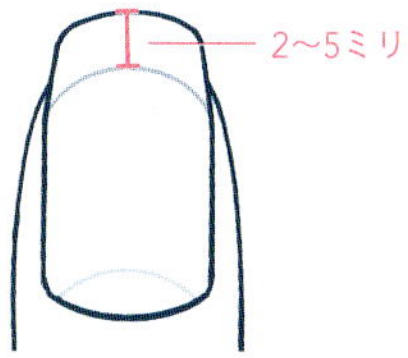

白い部分を2〜5ミリ残す

最初に爪の白い部分を何ミリ残すかを決めます。ピンク部分を減らさないためには、2〜5ミリ残すのが理想。長すぎてもピンク部分がはがれる原因になります。

② カーブをつくる

目指すのはアークスクエアの形です。まずは、この爪のカーブの形を覚えます。
覚えたら、長さを整える作業より力を抜いてゆっくり動かし、
弧を描く楕円の形にしていきます。
角を削りすぎて、丸くならないように注意します。
爪を天井に向けたほうが削りやすいです。

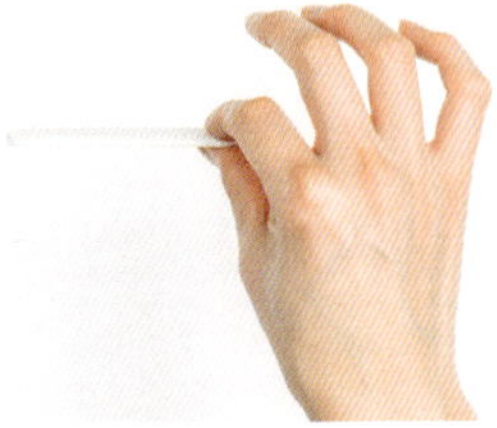

紙やすりのもち方

紙やすりの端を人差し指と親指ではさんで軽くもちます。

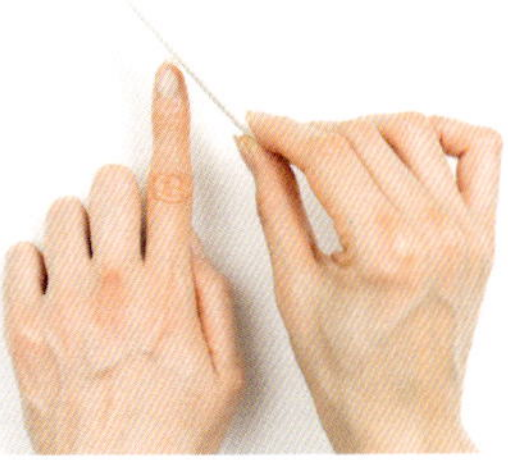

紙やすりの当て方

カーブの位置に対して紙やすりを直角に当てます。

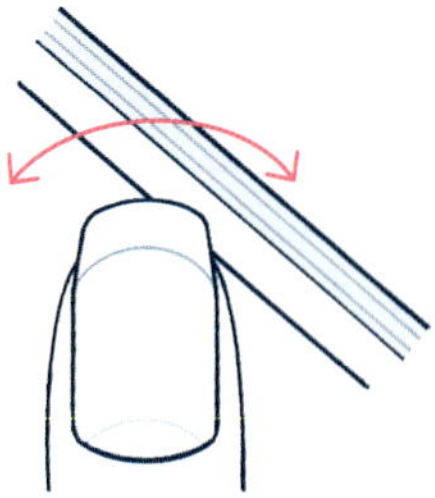

紙やすりの動かし方

紙やすりを爪に当てた状態で、爪の一方の角から反対側の角まで往復させます。スピードは「長さを整える」ときよりゆっくりです。

形について

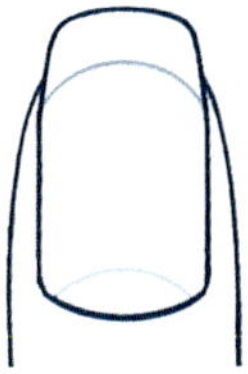

カーブはアークスクエアに

目指すのは爪先が穏やかな弧を描く楕円形のカーブの形「アークスクエア」。このイラストを見ながら削ってみてください。

③ サイドを削る

爪は側面から見るとサイドにも伸びているのがわかります。
サイドは伸ばすと物に引っ掛かりやすくなり、
爪が割れる原因になります。伸びた分だけ削っていきます。
とても小さな面積を削るので、カーブをつくるときよりもゆっくりと、
いつでも止まれる速さで紙やすりを動かし少しずつ削ります。

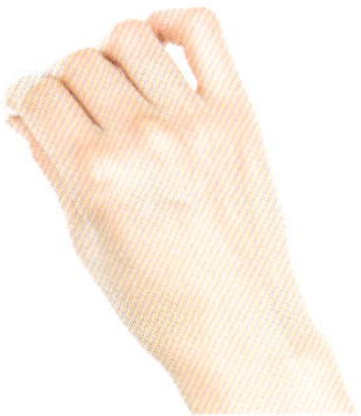

紙やすりのもち方

親指と人差し指、中指でしっかり紙やすりをもちます。

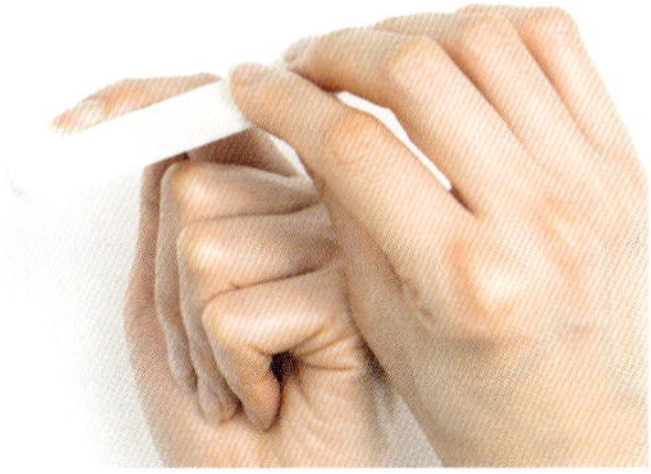

紙やすりの当て方

爪の真下に紙やすりを入れるように当てます。やりづらい場合は、対象となる指先の皮膚をほかの指で少し押し下げて隙間をつくって当てます。

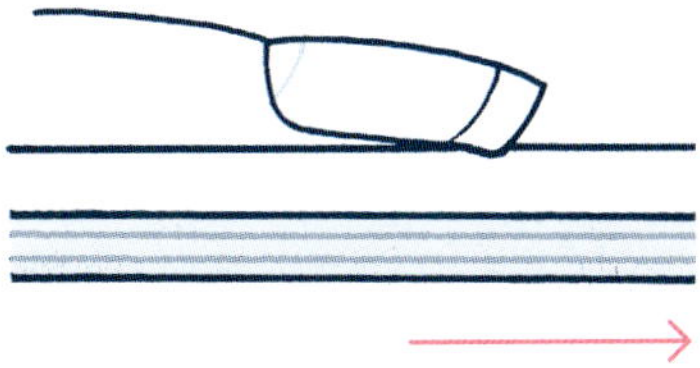

紙やすりの動かし方

爪先に向かって紙やすりを1ミリずつ動かします。削ったところがまっすぐになっていればOK。削る面積が少ないので紙やすりを引き終わる前にまっすぐになることもあります。

削り方

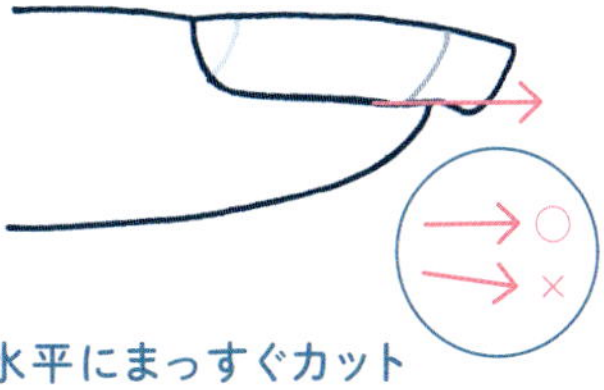

水平にまっすぐカット

サイドは、斜めに下がらないように、水平にまっすぐに削っていきます。一方向にゆっくり少しずつ削ります。

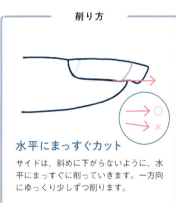

④ 角を整える

長さとカーブ、サイドを削ると、爪の両端の先に角ができます。
できた角に紙やすりを当てて、やすり面の10ミリの小さい範囲を
L字の形でゆっくりと往復させて動かし、
物が引っかからない程度に
丸みを帯びた形に整えていきます。
スマホの角より大きなゆるやかな角にしてください。

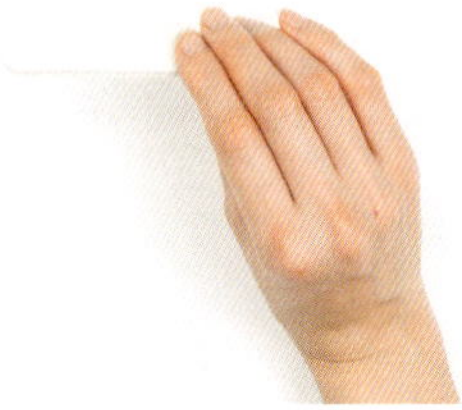

紙やすりのもち方

紙やすりの3分の1から4分の1の部分を、下側を親指で、上側を小指以外の3本指ではさんでもちます。

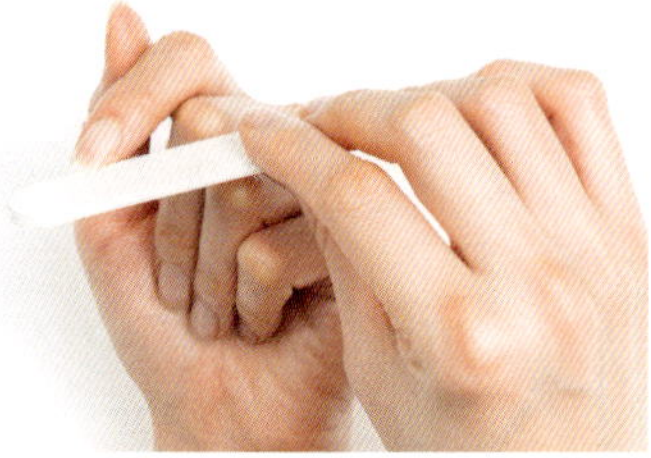

紙やすりの当て方

とがった角の部分に爪の裏のほうから紙やすりを水平に当てます。

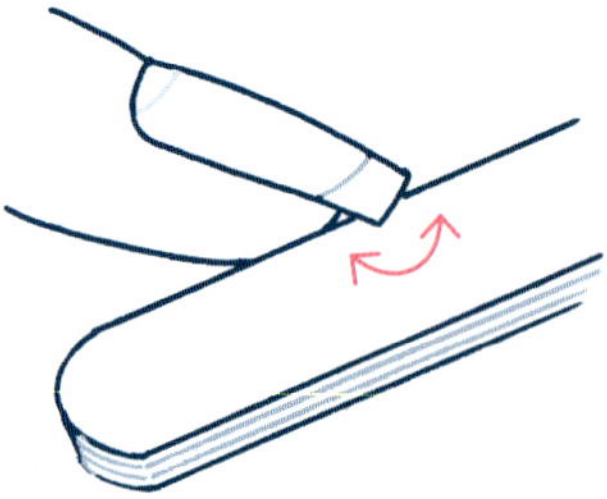

紙やすりの動かし方

とがった角に紙やすりを当てて、やすりの10ミリの範囲をL字形にゆっくりと往復引きします。

整え方

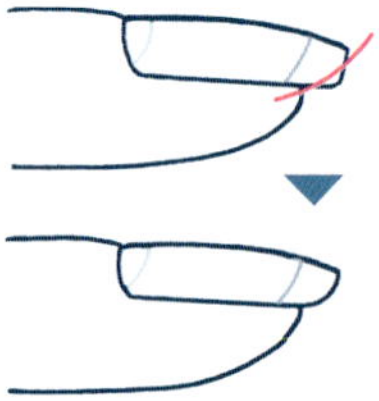

丸みをおびた形に

角を整えるときは、爪を横から見て角があるのを確認します。角を削って丸みを帯びた形に整えます。

1～4
実践編

左手・親指

動画でCHECK!
https://movie.sbcr.jp/otbd/01/

1 長さを整える

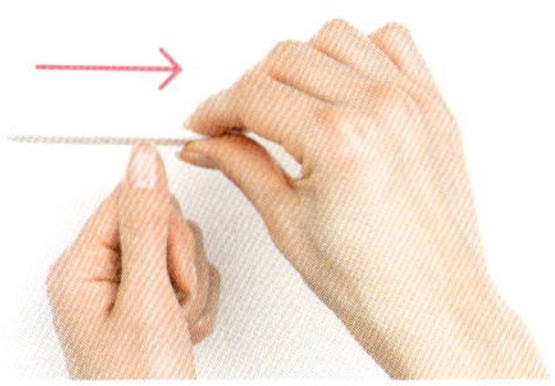

右手で紙やすりをもち、親指に90度に当て、爪と紙やすりを密着させ一方向に引きます。

2 カーブをつくる

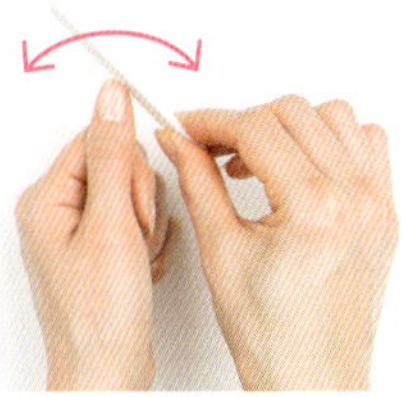

紙やすりを爪から離さないようにゆっくり往復引きし、緩やかなカーブにします。

3 サイドを削る

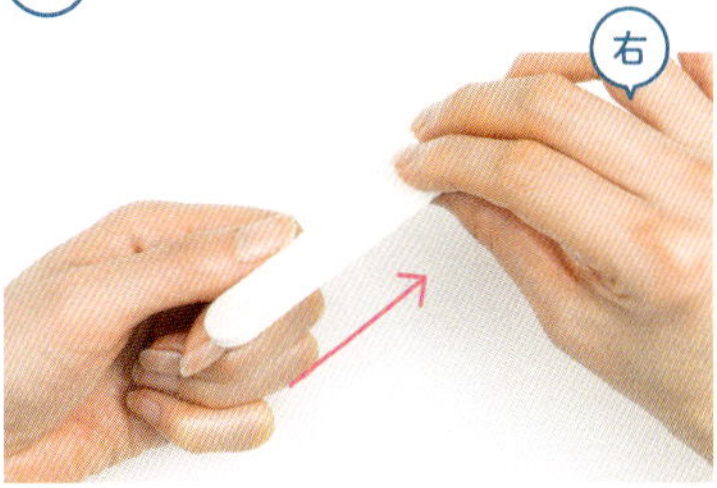

爪の右側の真下に紙やすりを入れて、爪先の方向にゆっくりと1ミリずつ引きます。

爪の左側の真下に紙やすりを入れて、爪先の方向にゆっくりと1ミリずつ引きます。

4 角を整える

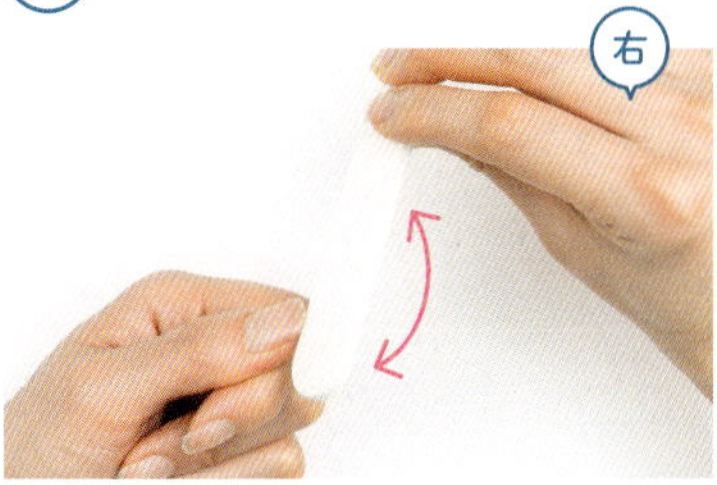

爪の右側の角に紙やすりを当てて、10ミリの範囲でL字形を描くように往復引きします。

爪の左側の角に紙やすりを当てて、10ミリの範囲でL字形を描くように往復引きします。

1～4
実践編

左手・人差し指

動画でCHECK!
https://movie.sbcr.jp/otbd/02/

1 長さを整える

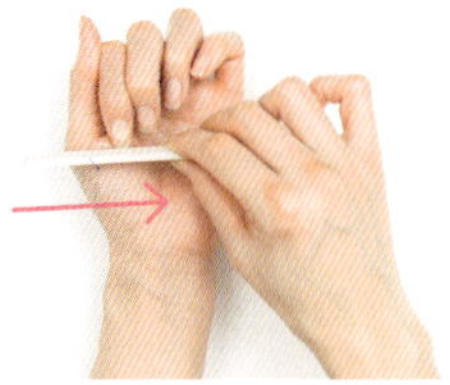

右手で紙やすりをもち人差し指に90度に当て爪と紙やすりを密着させ一方向に引きます。

2 カーブをつくる

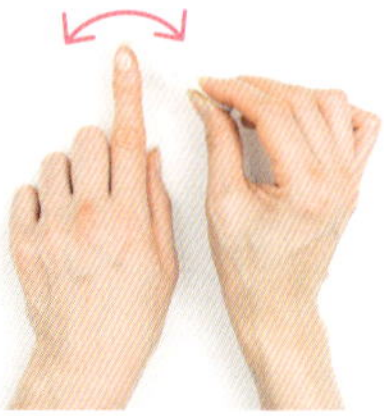

紙やすりを爪から離さないようにゆっくり往復引きし、緩やかなカーブにします。

3 サイドを削る

右

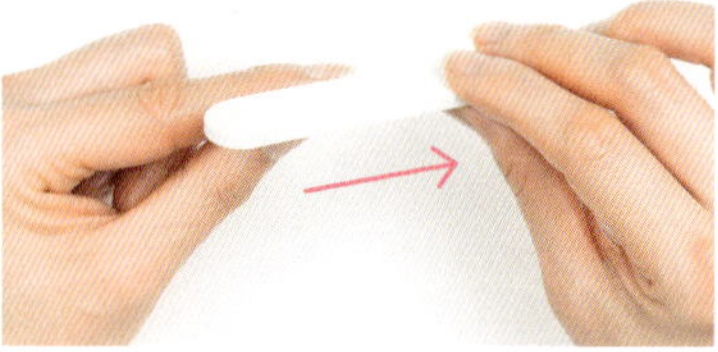

爪の右側の真下に紙やすりを入れて、爪先の方向にゆっくりと1ミリずつ引きます。

左

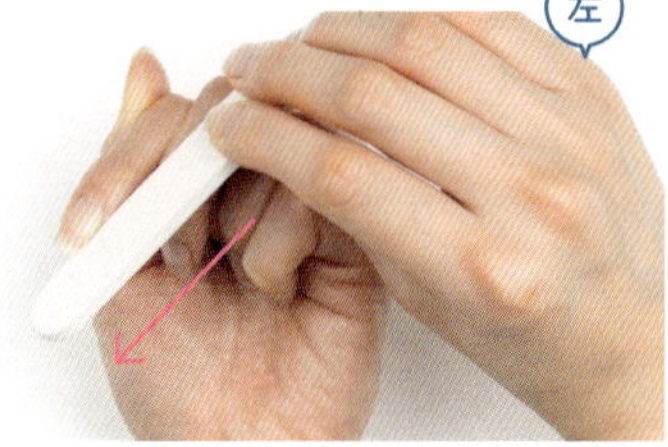

爪の左側の真下に紙やすりを入れて、爪先の方向にゆっくりと1ミリずつ動かします。

4 角を整える

右

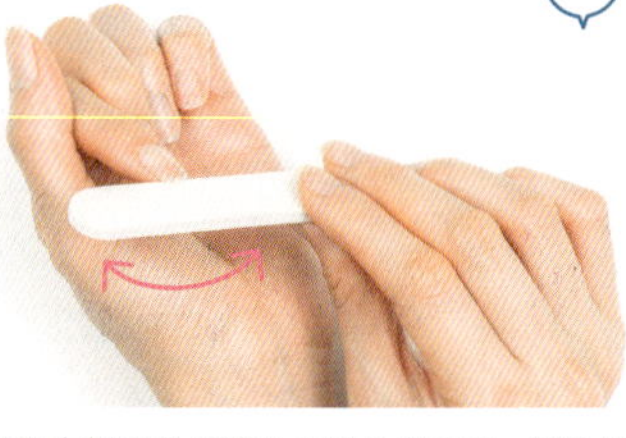

爪の右側の角に紙やすりを当てて、10ミリの範囲でL字形を描くように往復引きします。

左

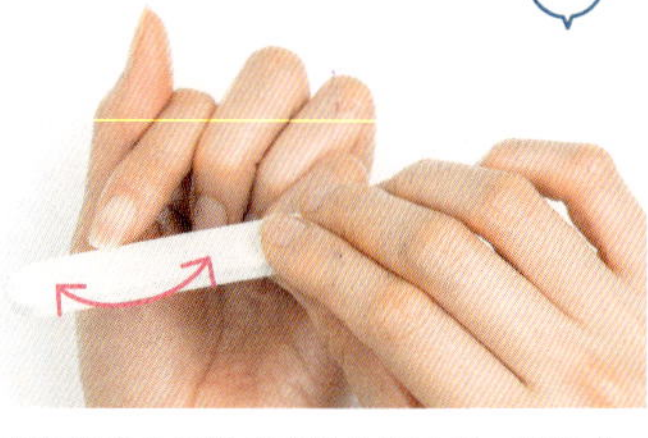

爪の左側の角に紙やすりを当てて、10ミリの範囲でL字形を描くように往復引きします。

左手・中指

動画でCHECK!
https://movie.sbcr.jp/otbd/03/

① 長さを整える

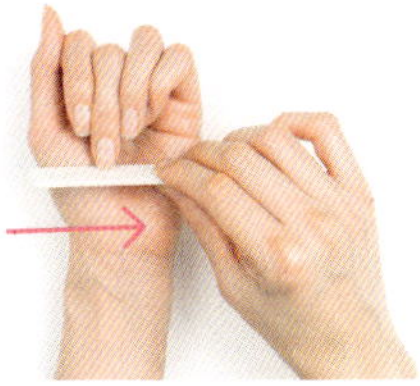

右手で紙やすりをもち、中指に90度に当て、爪と紙やすりを密着させ一方向に引きます。

② カーブをつくる

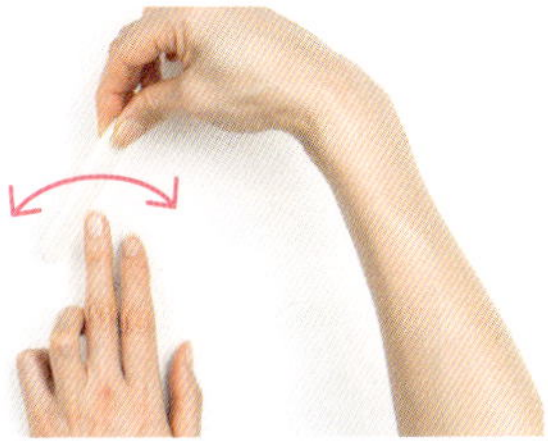

紙やすりを爪から離さないようにゆっくり往復引きし、緩やかなカーブにします。

③ サイドを削る

右

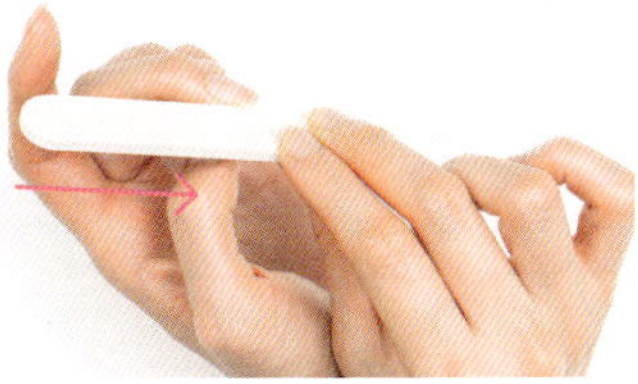

爪の右側の真下に紙やすりを入れて、爪先の方向にゆっくりと1ミリずつ引きます。

左

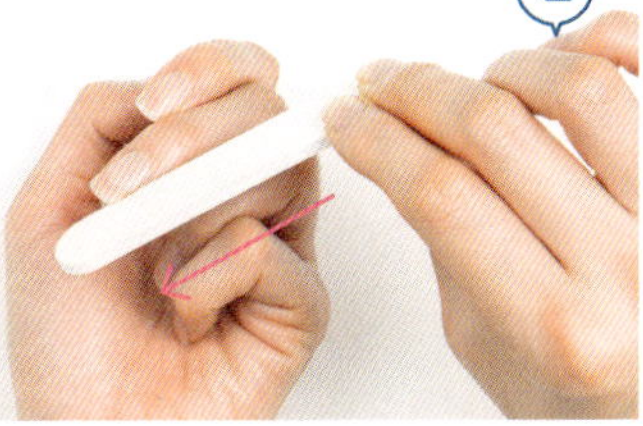

爪の左側の真下に紙やすりを入れて、爪先の方向にゆっくりと1ミリずつ動かします。

④ 角を整える

右

爪の右側の角に紙やすりを当てて、10ミリの範囲でL字形を描くように往復引きします。

左

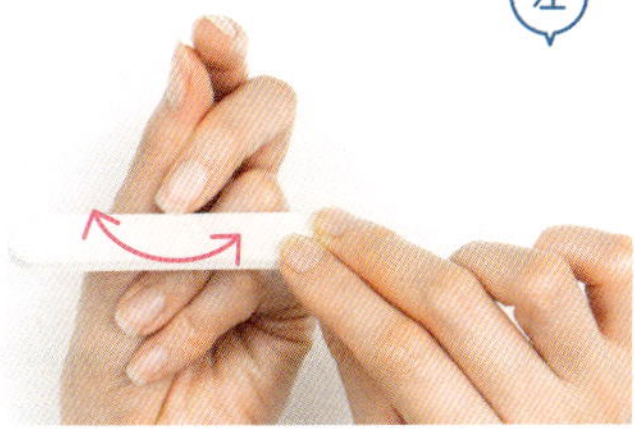

爪の左側の角に紙やすりを当てて、10ミリの範囲でL字形を描くように往復引きします。

1～4
実践編

左手・薬指

動画でCHECK!
https://movie.sbcr.jp/otbd/04/

① 長さを整える

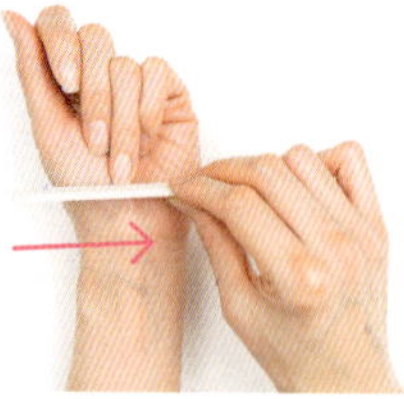

右手で紙やすりをもち、薬指に90度に当て、
爪と紙やすりを密着させ一方向に引きます。

② カーブをつくる

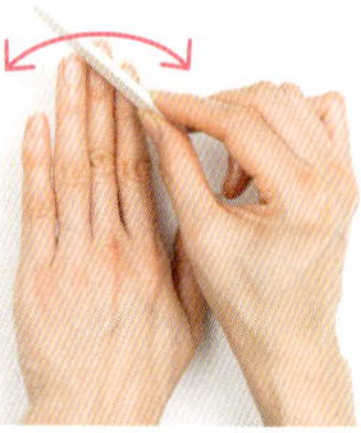

紙やすりを爪から離さないようにゆっくり往
復引きし、緩やかなカーブにします。

③ サイドを削る

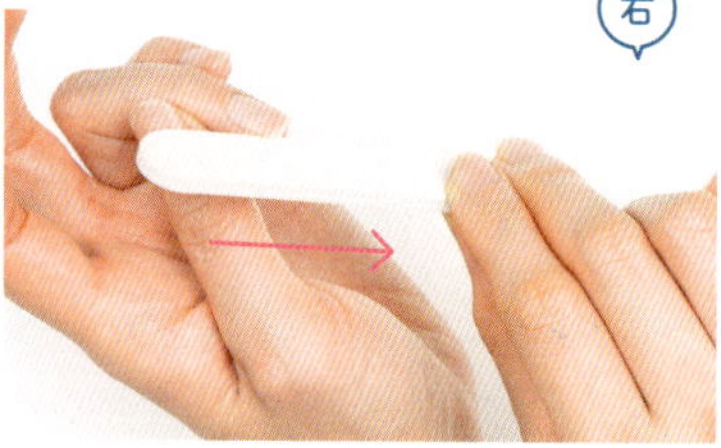

爪の右側の真下に紙やすりを入れて、爪先の
方向にゆっくりと1ミリずつ引きます。

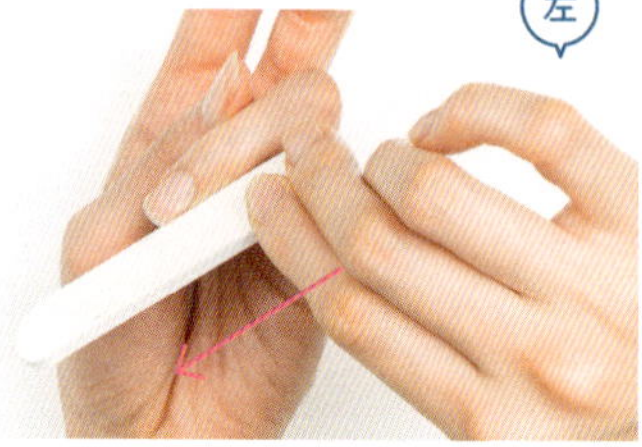

爪の左側の真下に紙やすりを入れて、爪先の
方向にゆっくりと1ミリずつ動かします。

④ 角を整える

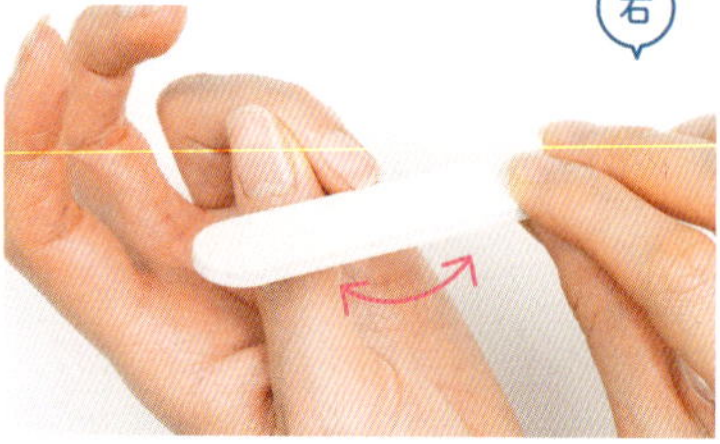

爪の右側の角に紙やすりを当てて、10ミリ
の範囲でL字形を描くように往復引きします。

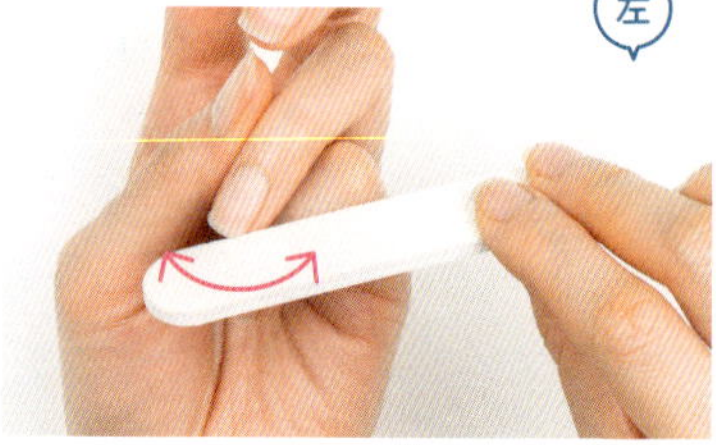

爪の左側の角に紙やすりを当てて、10ミリ
の範囲でL字形を描くように往復引きします。

1～4 実践編

左手・小指

動画でCHECK!
https://movie.sbcr.jp/otbd/05/

1 長さを整える

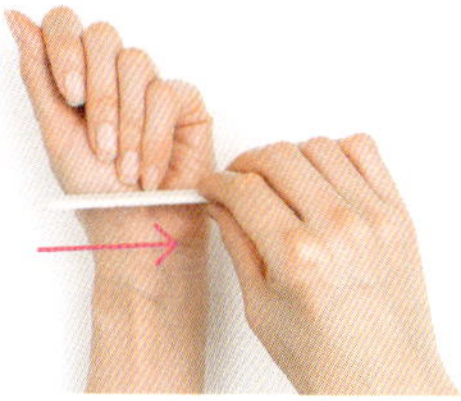

右手で紙やすりをもち、小指に90度に当て、爪と紙やすりを密着させ一方向に引きます。

2 カーブをつくる

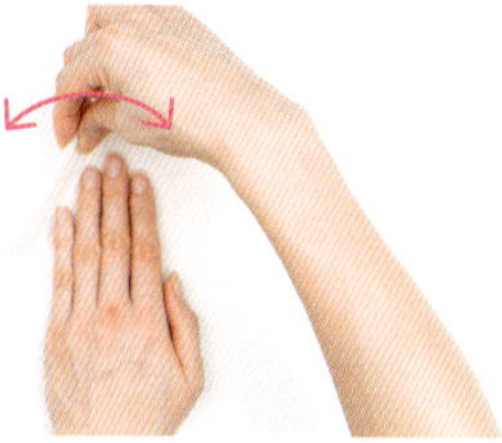

紙やすりを爪から離さないようにゆっくり往復引きし、緩やかなカーブにします。

3 サイドを削る

右

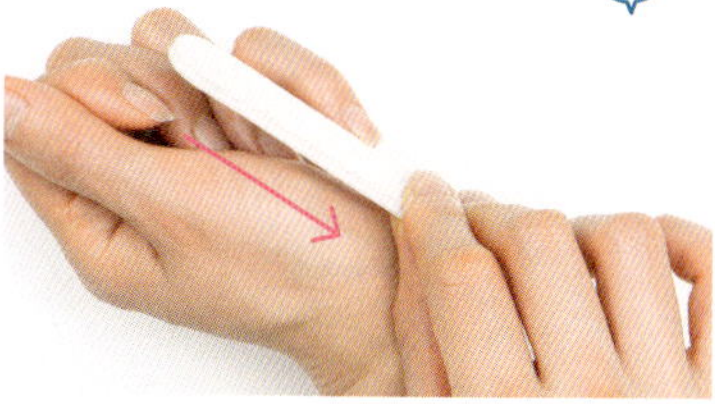

爪の右側の真下に紙やすりを入れて、爪先の方向にゆっくりと1ミリずつ引きます。

左

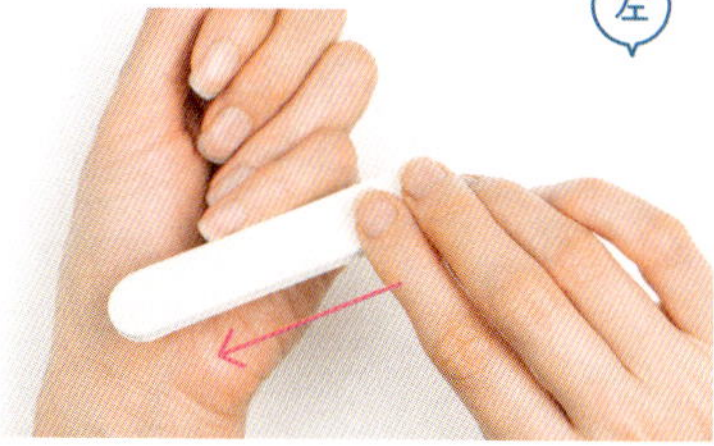

爪の左側の真下に紙やすりを入れて、爪先の方向にゆっくりと1ミリずつ動かします。

4 角を整える

右

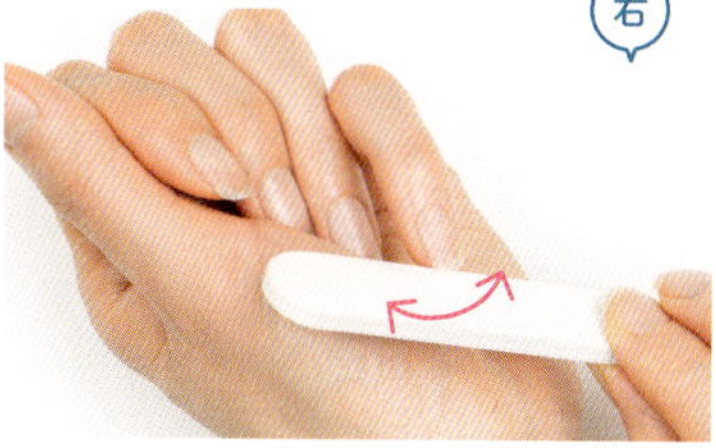

爪の右側の角に紙やすりを当てて、10ミリの範囲でL字形を描くように往復引きします。

左

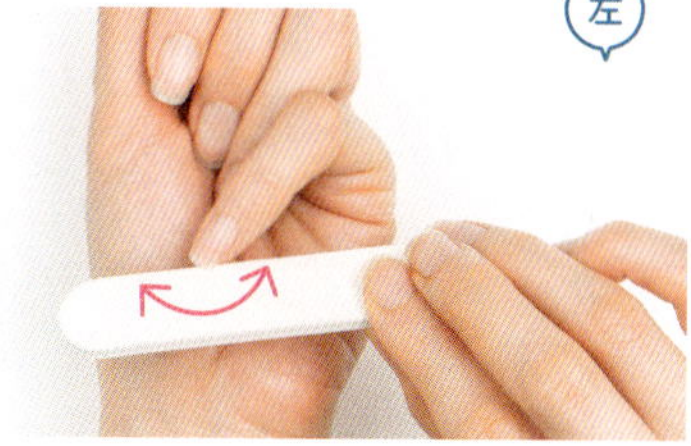

爪の左側の角に紙やすりを当てて、10ミリの範囲でL字形を描くように往復引きします。

1～4 実践編

右手・親指

動画でCHECK!
https://movie.sbcr.jp/otbd/06/

1 長さを整える

左手で紙やすりをもち、親指に90度に当て、爪と紙やすりを密着させ一方向に引きます。

2 カーブをつくる

紙やすりを爪から離さないようにゆっくり往復引きし、緩やかなカーブにします。

3 サイドを削る

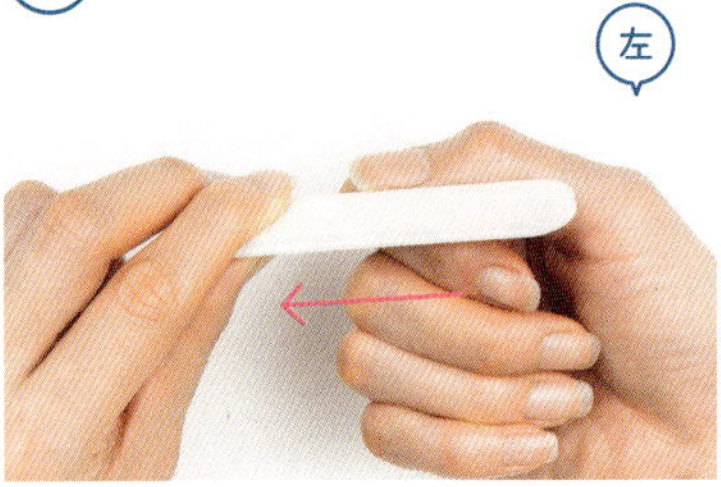

爪の左側の真下に紙やすりを入れて、爪先の方向にゆっくりと1ミリずつ引きます。

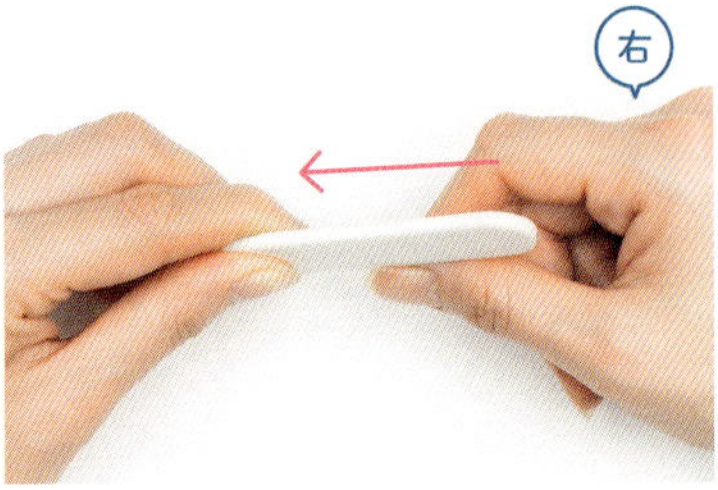

爪の右側の真下に紙やすりを入れて、爪先の方向にゆっくりと1ミリずつ引きます。

4 角を整える

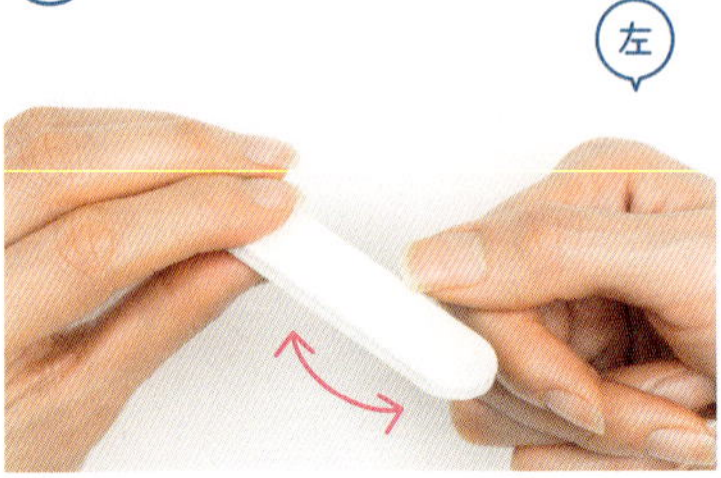

爪の左側の角に紙やすりを当てて、10ミリの範囲でL字形を描くように往復引きします。

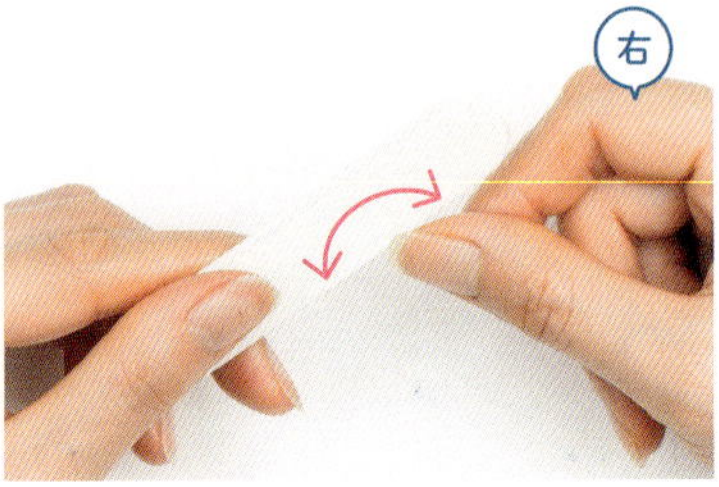

爪の右側の角に紙やすりを当てて、10ミリの範囲でL字形を描くように往復引きします。

1～4
実践編

右手・人差し指

動画でCHECK!
https://movie.sbcr.jp/otbd/07/

① 長さを整える

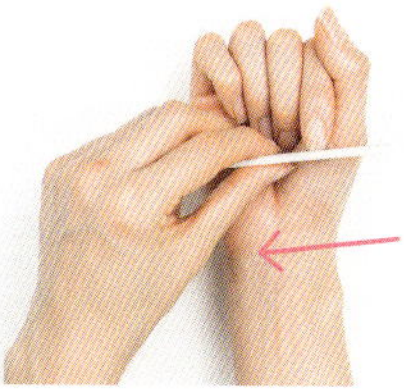

左手で紙やすりをもち人差し指に90度に当て爪と紙やすりを密着させ一方向に引きます。

② カーブをつくる

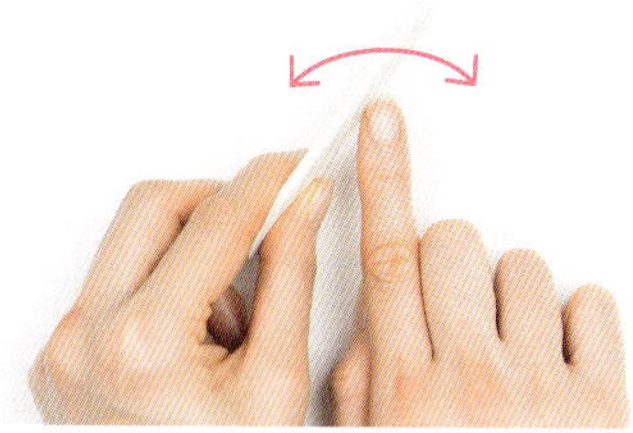

紙やすりを爪から離さないようにゆっくり往復引きし、緩やかなカーブにします。

③ サイドを削る

左

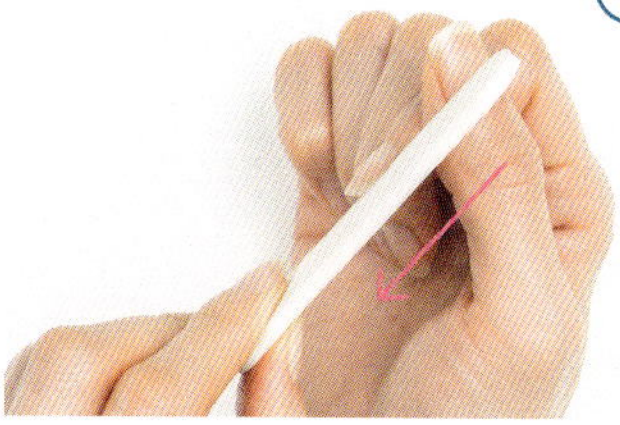

爪の左側の真下に紙やすりを入れて、爪先の方向にゆっくりと1ミリずつ引きます。

右

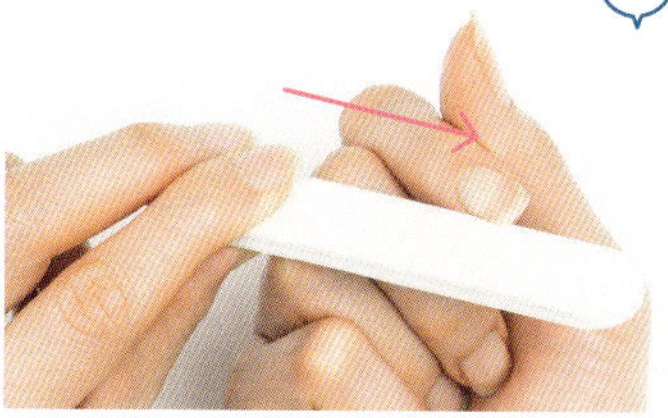

爪の右側の真下に紙やすりを入れて、爪先の方向にゆっくりと1ミリずつ動かします。

④ 角を整える

左

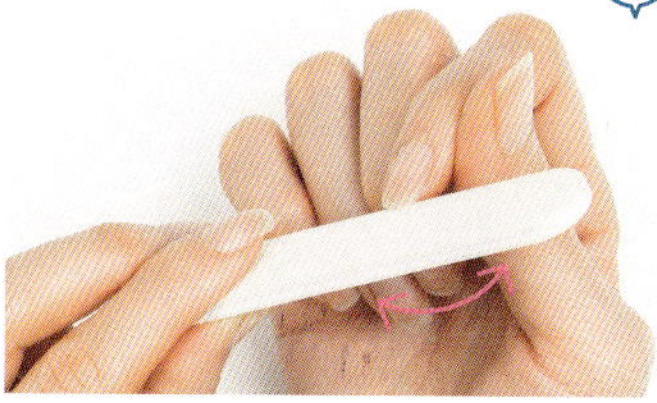

爪の左側の角に紙やすりを当てて、10ミリの範囲でL字形を描くように往復引きします。

右

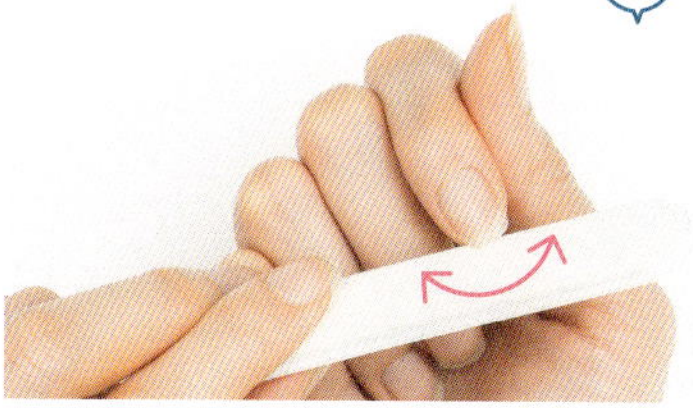

爪の右側の角に紙やすりを当てて、10ミリの範囲でL字形を描くように往復引きします。

(1〜4 実践編)

右手・中指

動画でCHECK!
https://movie.sbcr.jp/otbd/08/

① 長さを整える

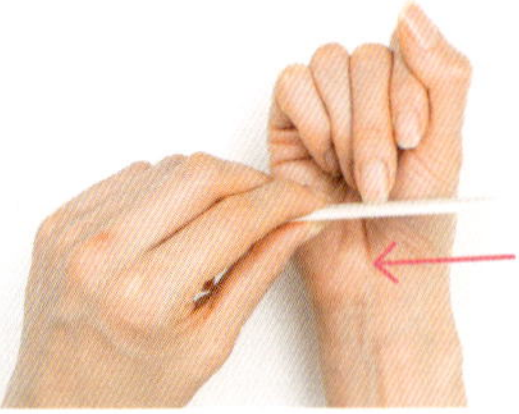

左手で紙やすりをもち、中指に90度に当て、爪と紙やすりを密着させ一方向に引きます。

② カーブをつくる

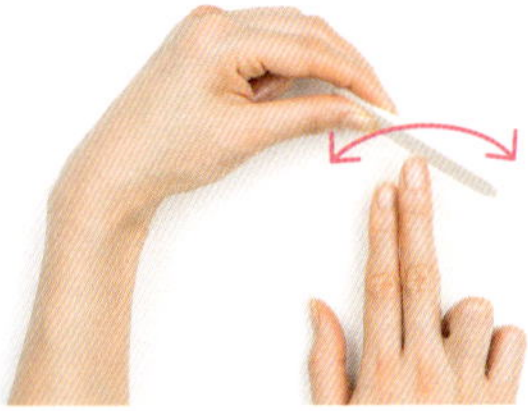

紙やすりを爪から離さないようにゆっくり往復引きし、緩やかなカーブにします。

③ サイドを削る

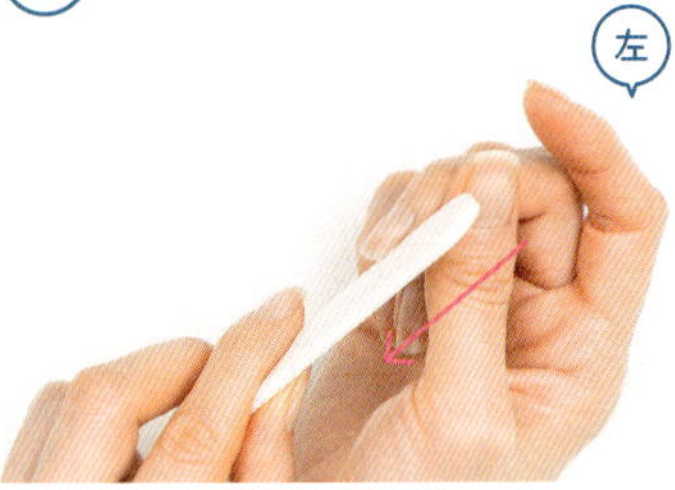

爪の左側の真下に紙やすりを入れて、爪先の方向にゆっくりと1ミリずつ引きます。

爪の右側の真下に紙やすりを入れて、爪先の方向にゆっくりと1ミリずつ動かします。

④ 角を整える

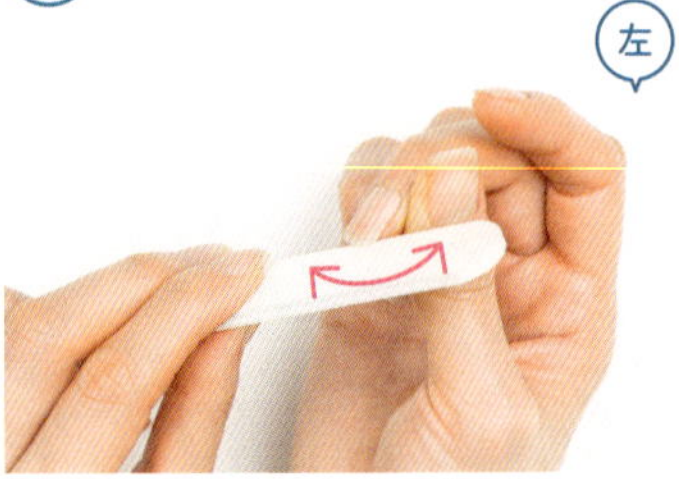

爪の左側の角に紙やすりを当てて、10ミリの範囲でL字形を描くように往復引きします。

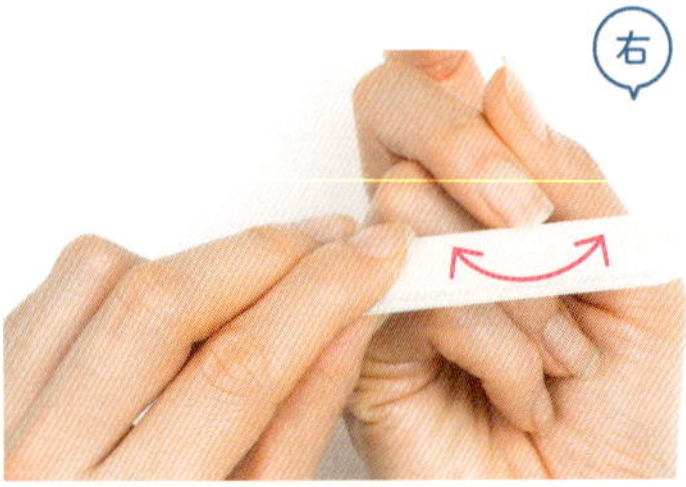

爪の右側の角に紙やすりを当てて、10ミリの範囲でL字形を描くように往復引きします。

右手・薬指

動画でCHECK!
https://movie.sbcr.jp/otbd/09/

1 長さを整える

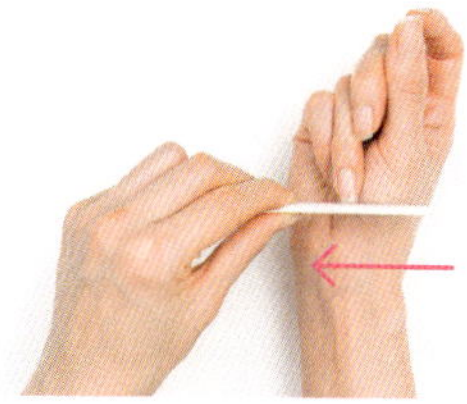

左手で紙やすりをもち、薬指に90度に当て、爪と紙やすりを密着させ一方向に引きます。

2 カーブをつくる

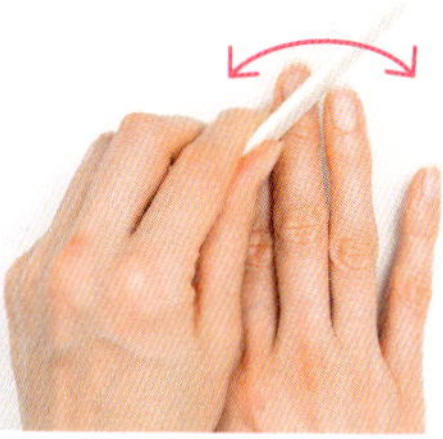

紙やすりを爪から離さないようにゆっくり往復引きし、緩やかなカーブにします。

3 サイドを削る

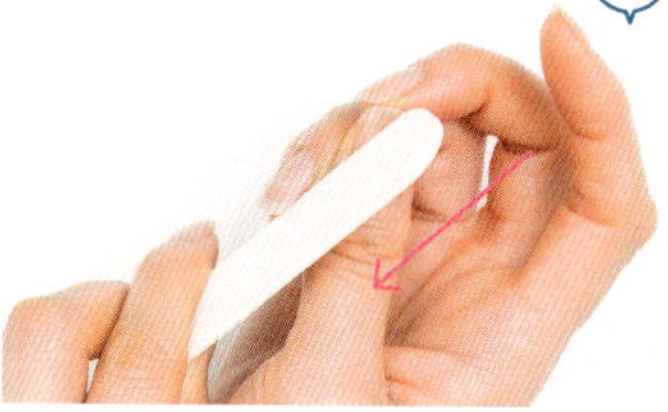

爪の左側の真下に紙やすりを入れて、爪先の方向にゆっくりと1ミリずつ引きます。

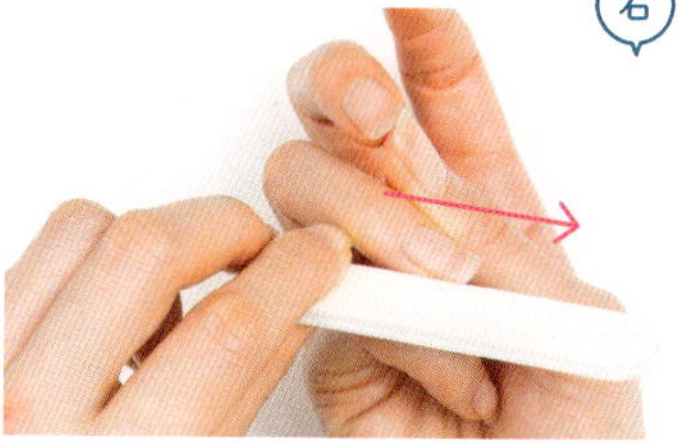

爪の右側の真下に紙やすりを入れて、爪先の方向にゆっくりと1ミリずつ動かします。

4 角を整える

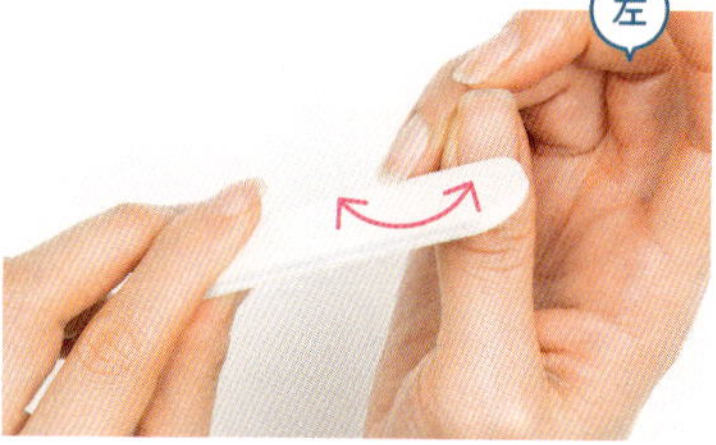

爪の左側の角に紙やすりを当てて、10ミリの範囲でL字形を描くように往復引きします。

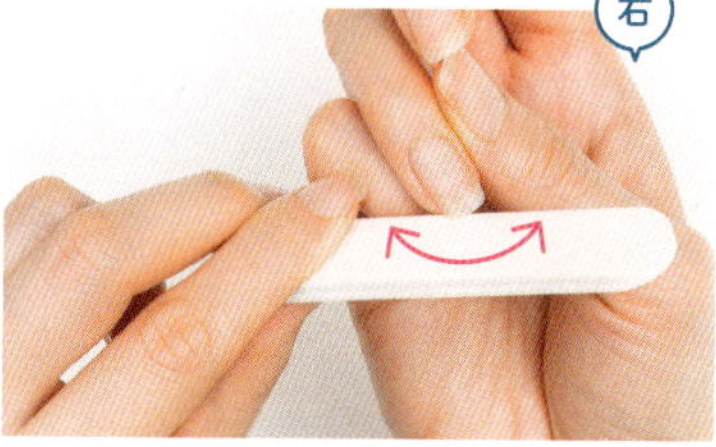

爪の右側の角に紙やすりを当てて、10ミリの範囲でL字形を描くように往復引きします。

1～4
実践編

右手・小指

動画でCHECK!
https://movie.sbcr.jp/otbd/10/

1 長さを整える

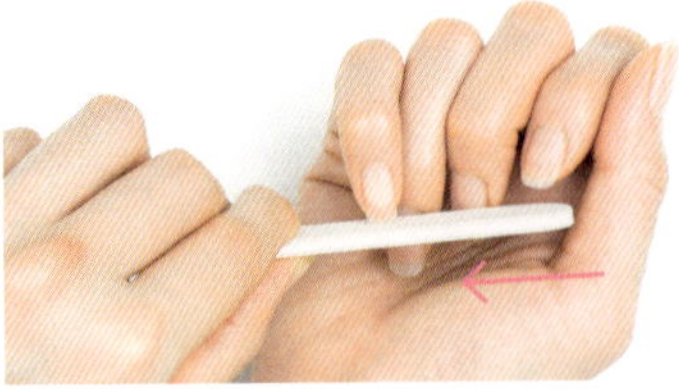

左手で紙やすりをもち、小指に90度に当て、爪と紙やすりを密着させ一方向に引きます。

2 カーブをつくる

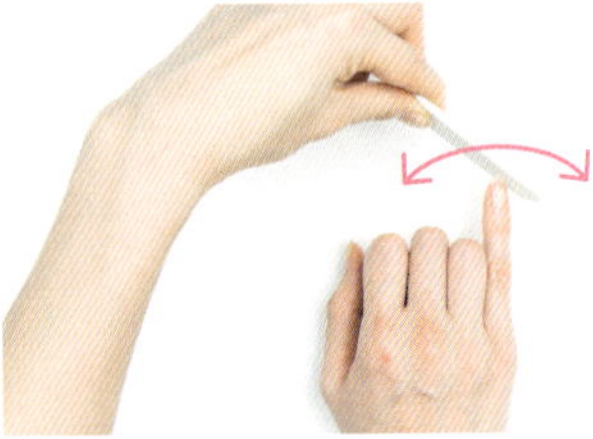

紙やすりを爪から離さないようにゆっくり往復引きし、緩やかなカーブにします。

3 サイドを削る

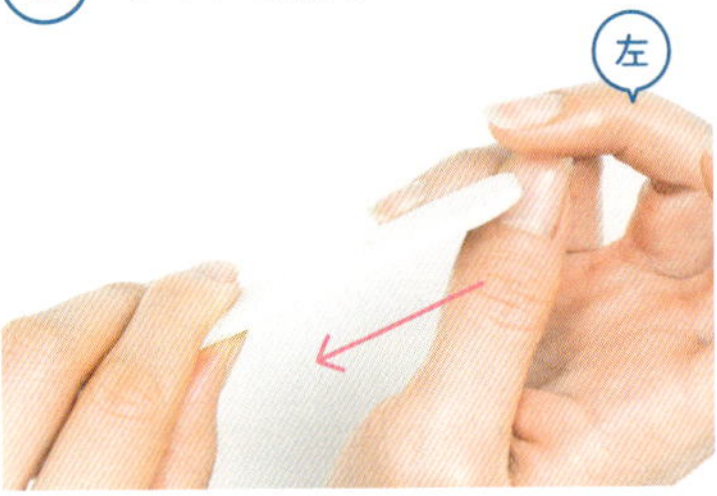

爪の左側の真下に紙やすりを入れて、爪先の方向にゆっくりと1ミリずつ引きます。

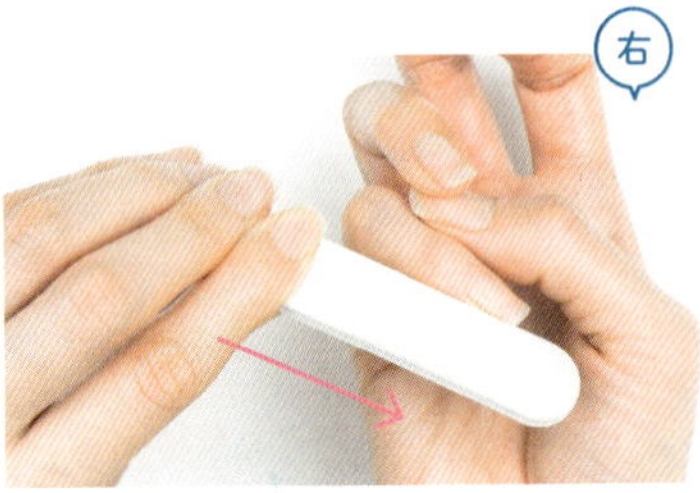

爪の右側の真下に紙やすりを入れて、爪先の方向にゆっくりと1ミリずつ動かします。

4 角を整える

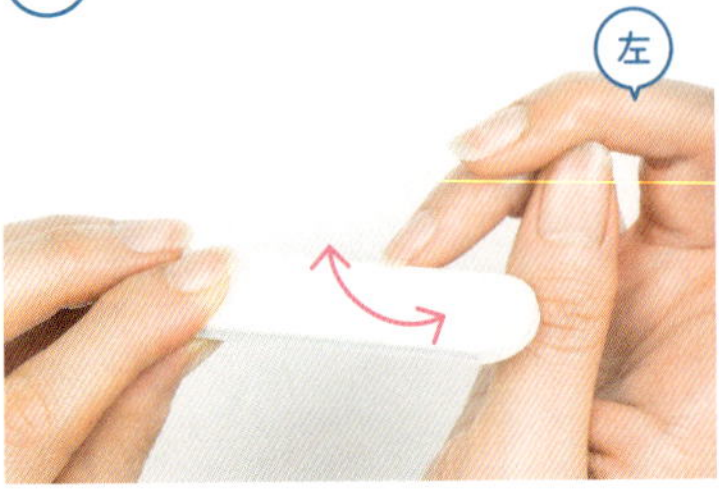

爪の左側の角に紙やすりを当てて、10ミリの範囲でL字形を描くように往復引きします。

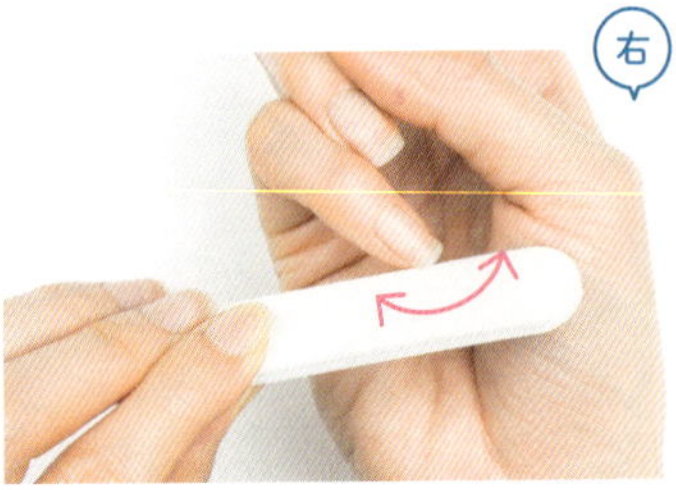

爪の右側の角に紙やすりを当てて、10ミリの範囲でL字形を描くように往復引きします。

⑤ バリをとる

爪の先端を削ると、断面に線維のカスのようなものがでてきます。
「バリ」といいます。
バリはぬるま湯につけると浮き上がって、
見えやすくなります。浮き上がってきたバリを
コットンで拭き取ったり、
目の細かな紙やすりで取ります。

動画でCHECK!
https://movie.sbcr.jp/otbd/11/

バリを浮かび上がらせる

ぬるま湯に10秒

爪を削り、角まで整えたら、すべての指をぬるま湯に10秒ほどつけ、タオルでしっかり水気を拭きます。

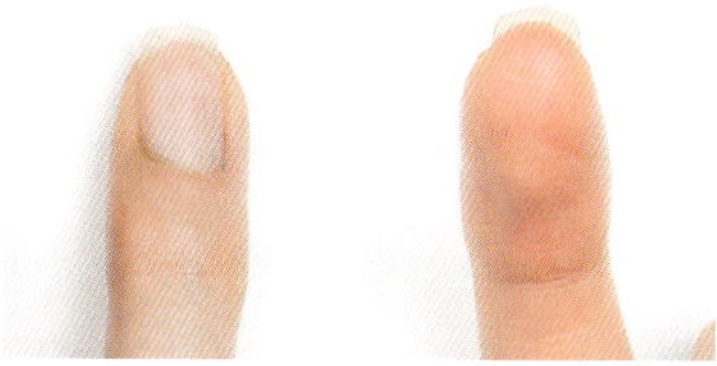

バリが浮かび上がる

ぬるま湯につけると、バリが浮かびあがってきます。爪の先端だけでなく、削ったサイドの部分にもバリが出ていることがあります。

バリを取る

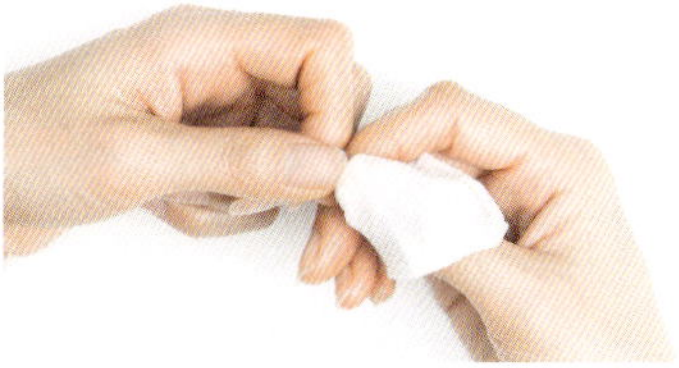

コットンで取る方法

バリを取る対象となる手とは反対の手の親指に濡らしたコットンを巻きつけて、爪と指の間に浮いてきたバリを取っていきます。

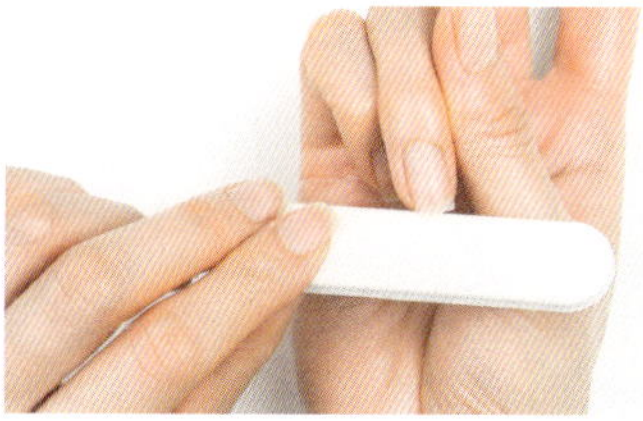

紙やすりで取る方法

紙やすりの目の細かいほうを爪に水平に当てて、爪にそわせてゆっくり動かしながらバリを取っていきます。サイドについているバリも取ります。

6 断面をキレイにする

目の細かい紙やすりで断面を整えます。付録ではプリントのあるほうです。
指の腹で爪の断面を触って、ギザギザしたところがないか確認し、
あれば少しずつなめらかにしていきます。
仕上げをすることで、ギザギザが洋服の繊維に引っ掛かったり、
二枚爪になったりするのを防ぎます。
まだバリが残っていたら、紙やすりを爪に水平に動かすと取れます。

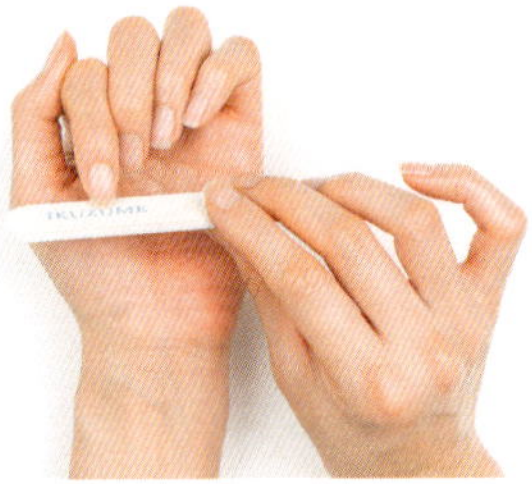

紙やすりのもち方

紙やすりの3分の1から4分の1の部分を、小指以外の指で軽くもちます。

断面をなめらかに

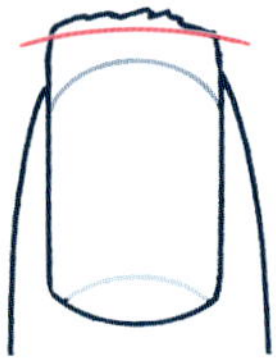

指の腹でギザギザを探そう

断面を整え終えたら、指の腹でなぞってギザギザがないか確認します。もし、あれば、紙やすりでなめらかにします。すべてのギザギザがなくなったら完成です。

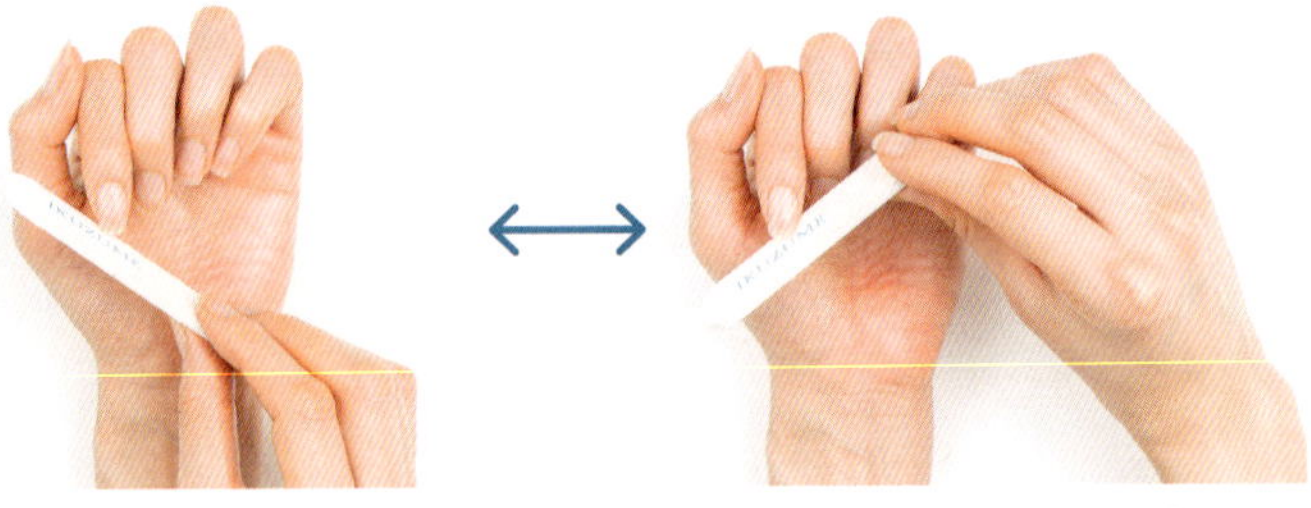

紙やすりの動かし方

削った爪の断面に紙やすりを90度に当てて、削ったところをなぞるように左右にゆっくり動かしていきます。目の細かい紙やすりでも爪は削れます。すでに形を整えたあとなので、削りすぎて形が変わらないように気をつけてください。

動画でCHECK！
https://movie.sbcr.jp/otbd/12/

STEP 2 「爪」をケアする

オイルと水を用意する

オイルは爪の裏側と指の間に落とし、爪の側面と裏側全体に流し込むのがポイントです。爪のささくれを防げます。爪全体にオイルを塗ったあと、水を加えて乳化させると浸透しやすくなります。オイルは点眼容器に移し替えておくと垂らしやすくなります。

動画でCHECK!
https://movie.sbcr.jp/otbd/13/

オイルの塗り方

1

指先を上に向けて、爪の裏側と指の間にオイルを垂らす。

2

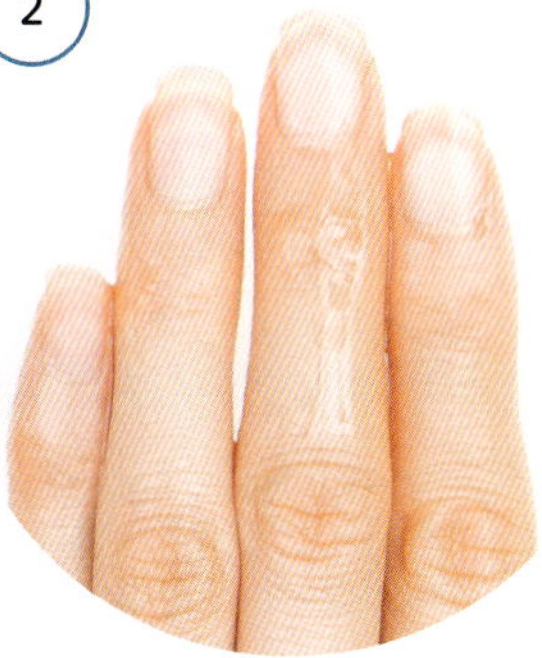

指の上から爪の左右の両端にオイルが流れるくらいの量が目安。

3

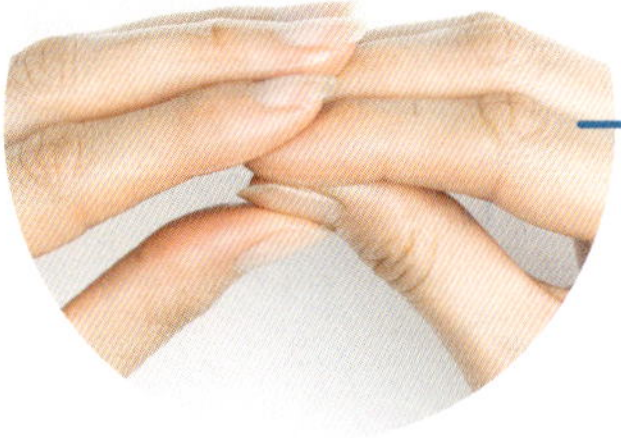

両手の指先をよくもむようにすり合わせ、爪全体にオイルを塗る。

4

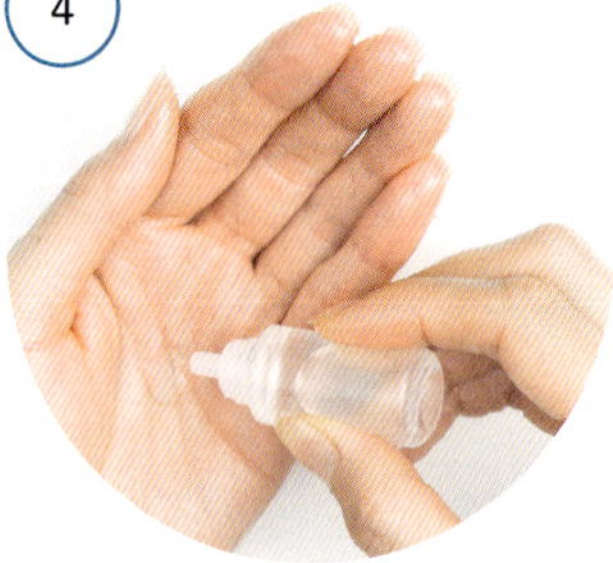

片方の手のひらに、1円玉くらいの大きさに水を垂らす。

5

反対側の手の指先で、指についたオイルと水を混ぜ合わせる。

6

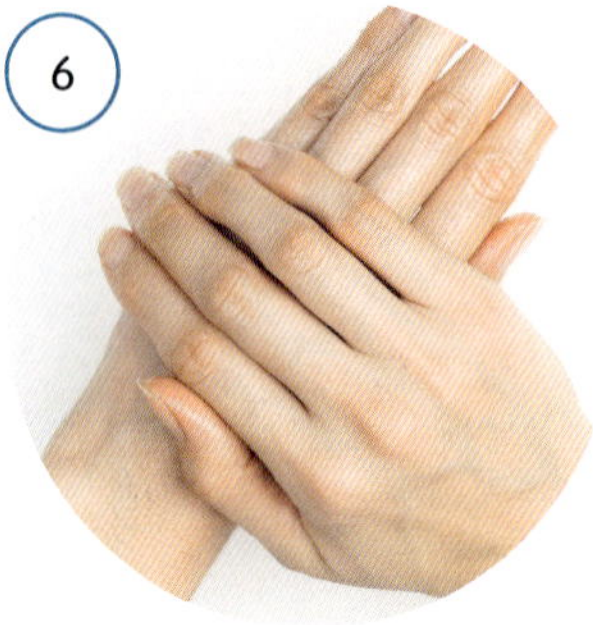

オイルを手の甲など全体に塗り込み、なじませる。

7

両手の指と指を交差させて、指の間もオイルを塗りこむ。

薄皮を拭き取る

薄皮が気になる場合は、爪をぬるま湯に1〜2分つけて薄皮をふやかします。次に、濡らしたコットンを対象の指とは反対の手の親指に巻きつけます。薄皮を根元に向かって押し上げるように拭き取ります。

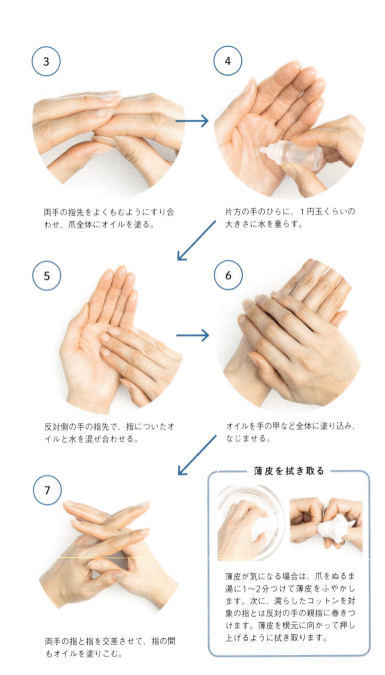

STEP 3 「指使い」を変える

爪の代わりに別のものを使う

爪を道具にしていると、裂けたり、ピンク部分がはがれる原因に。別のものを使ったり、ちょっと指の使い方を工夫すると爪への負荷が軽減できます。

動画でCHECK!
https://movie.sbcr.jp/otbd/14/

ミカンの皮のむき方

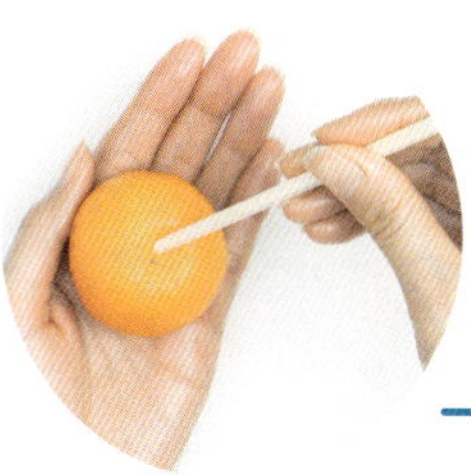

割り箸をミカンのお尻（ヘタのない方）にゆっくりとさします。

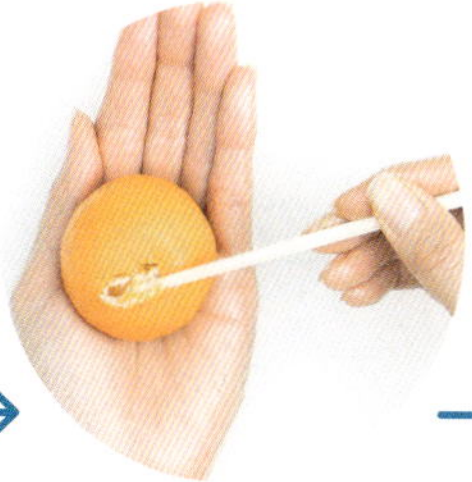

割り箸を引き抜き、先のほうでミカンの皮を少しむきます。

親指と人差し指の腹で皮をつかんで、むいていきます。

ペットボトルのラベルのはがし方

＼ 爪の表面を使う ／

ラベルのつなぎ目に爪の先を入れて、爪の表面でペットボトルとラベルの間をゆっくり広げていきます。指でつかめる程度の面積まではがします。

はがした部分を親指の腹と人差し指の関節でつかんで、ゆっくりと全体をはがしていきます。

＼ ボールペンを使う ／

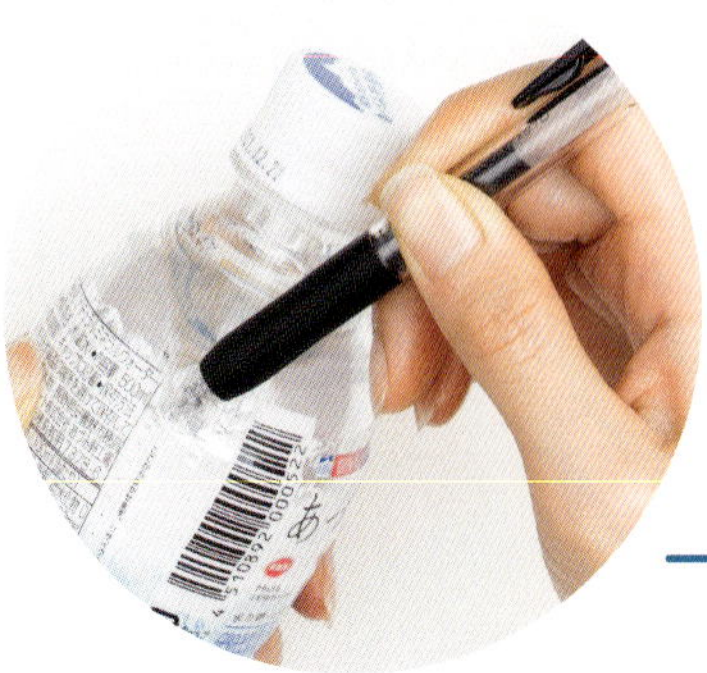

ミシン目入りのラベルの場合は、ラベルのつなぎ目にボールペンの先を入れて、指でつかめる程度まではがします。

はがした部分を親指の腹と人差し指の関節でつかんで、ゆっくりと全体をはがしていきます。

プルタブの開け方

タブ（リング状になっているところ）の下にコインを入れて、タブを押し上げます。

カードの抜き方

親指と人差し指の腹で、カードをしっかりつかんで、カードケースから引き出します。

袋のとじ目のほどき方

＼ ボールペンを使う ／

袋の結び目にボールペンを差し込んで、少しずつ左右や手前に動かしていくと、結び目がゆるみ、ほどけます。

＼ 箸を使う ／

くだものなどの袋の口をテープで閉じている場合は、袋とテープの隙間に菜箸などを入れて開きます。はさみでテープを切ってもOKです。

おまけ 「足の爪」の整え方

足の爪の削り方は基本的には手と同じです。
ただし、足の指の場合、隣の指との距離が近いので、
紙やすりを使うときに、ほかの指に当たらないように気をつけます。
また爪の白い部分が短い方は、指に紙やすりを当てないように、
手のときよりもさらにゆっくり動かします。
紙やすりは付録のようなミニサイズが使いやすいです。

1 長さを整える

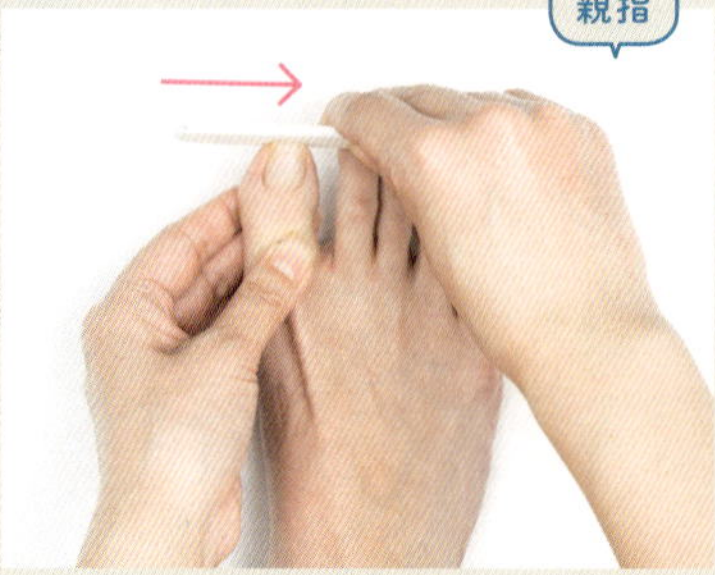

親指の爪を紙やすりに垂直に当て、一方向にゆっくりと引いていきます。

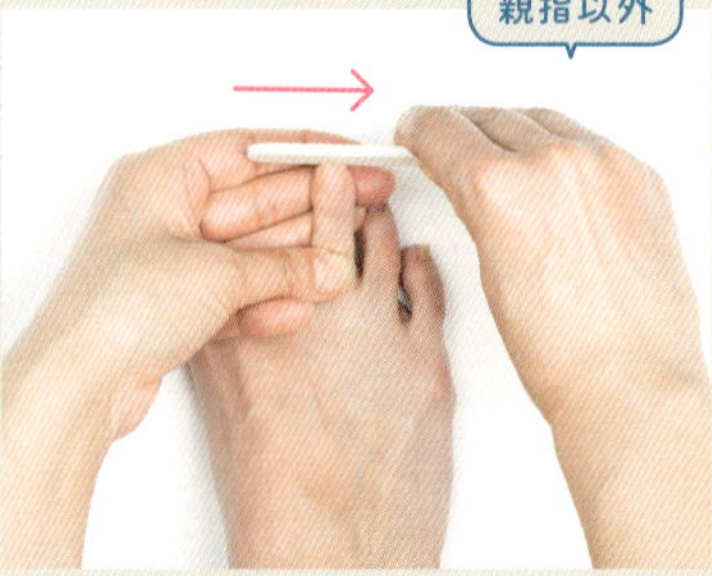

対象の指をもち上げ、ほかの指に当たらないようにしながら、紙やすりを引いていきます。

2 カーブをつくる

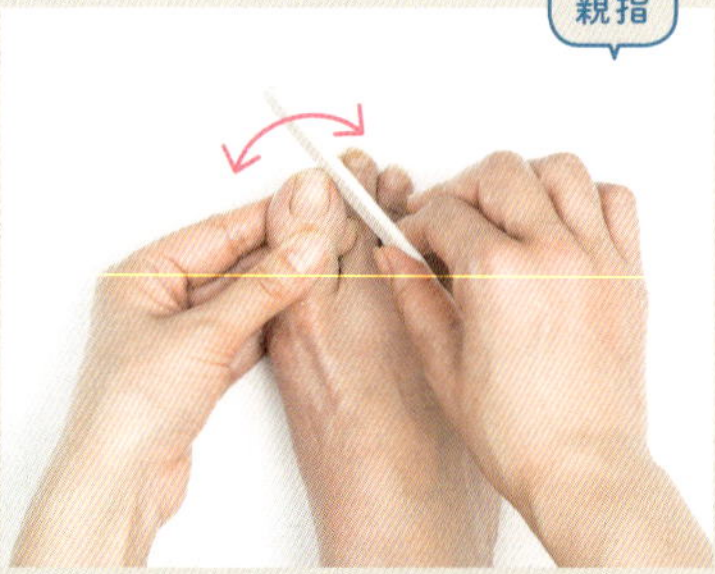

紙やすりを爪から離さないようにゆっくり往復引きし、緩やかなカーブにします。

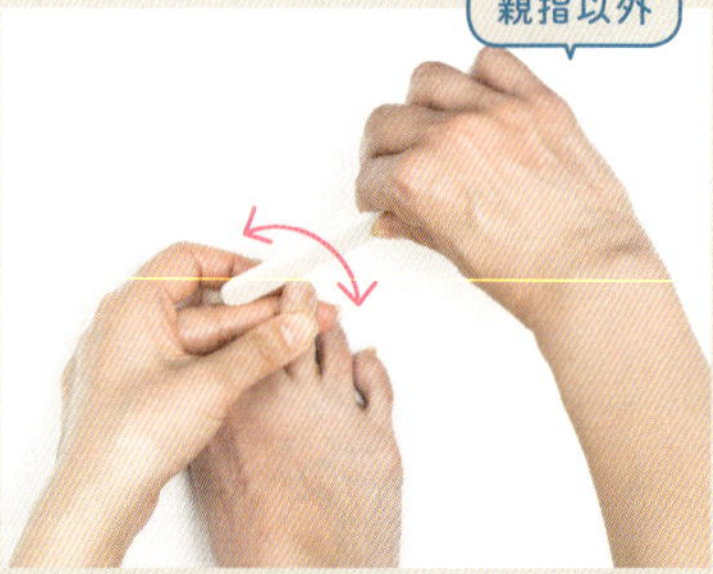

爪の面積が小さく削る部分が少ないので、ゆっくり紙やすりを動かしカーブをつくります。

③ サイドを削る

親指

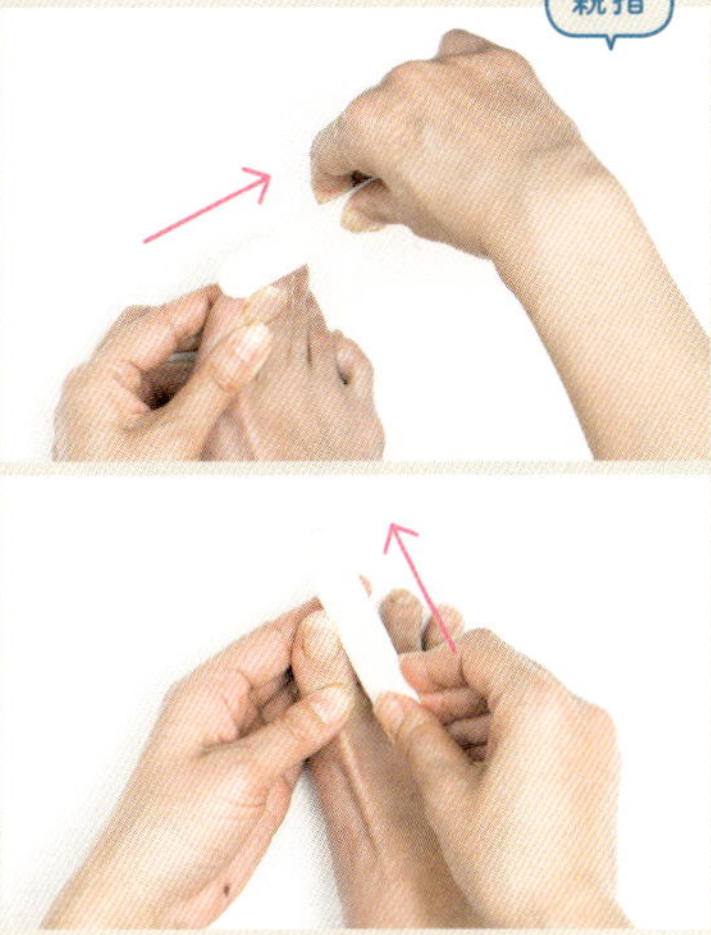

爪の下に紙やすりを入れて、爪先の方向にゆっくりと引きます。左右とも削ります。

親指以外

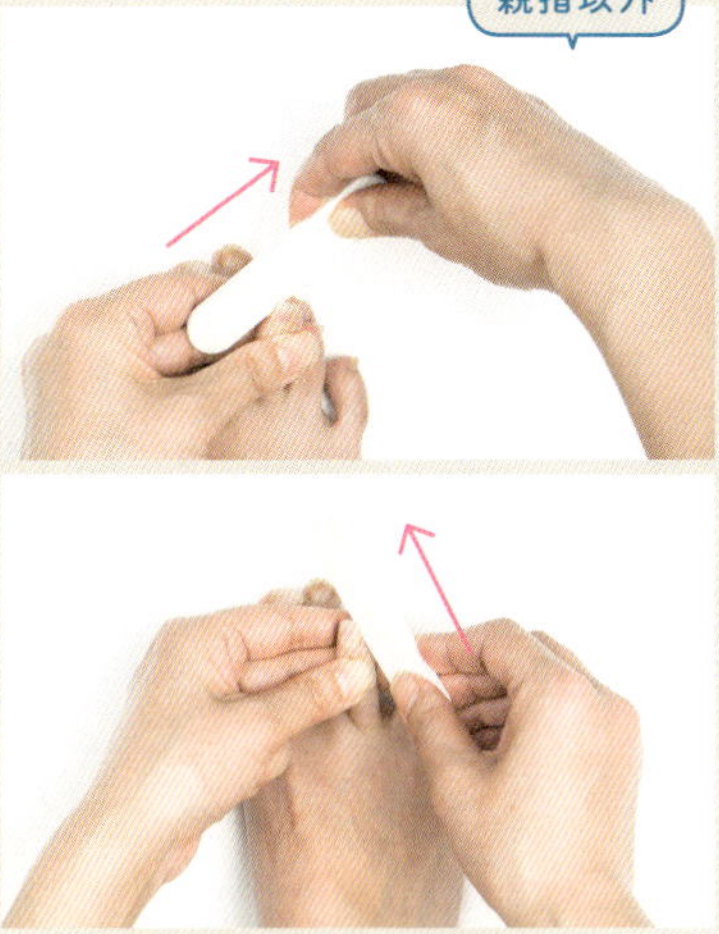

ほかの指に当てないよう注意しながら、爪先の方向に紙やすりをゆっくり引きます。

④ 角を整える

親指

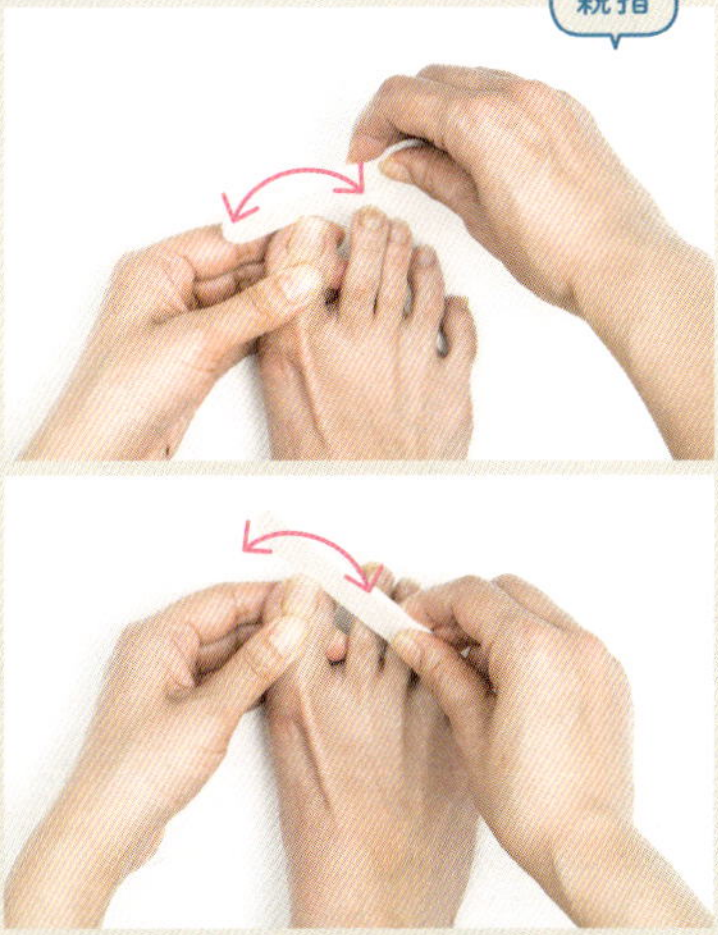

爪の角に紙やすりを当てて、L字形を描くように往復引きします。

親指以外

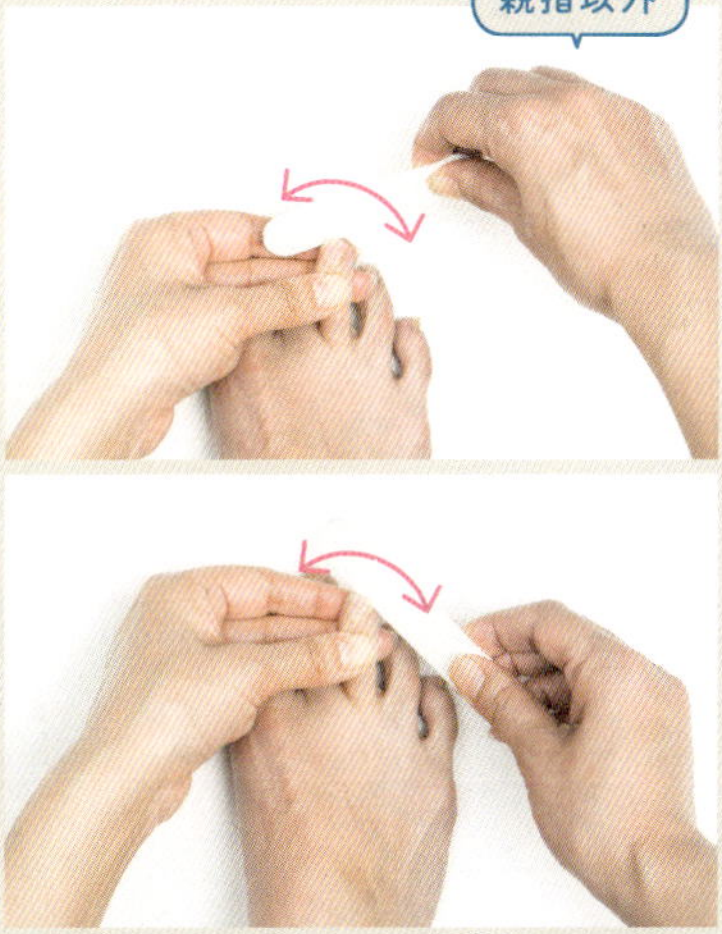

対象の指が揺れないよう押さえ、爪の角に紙やすりを当ててL字形に往復引きします。

5 バリを取る

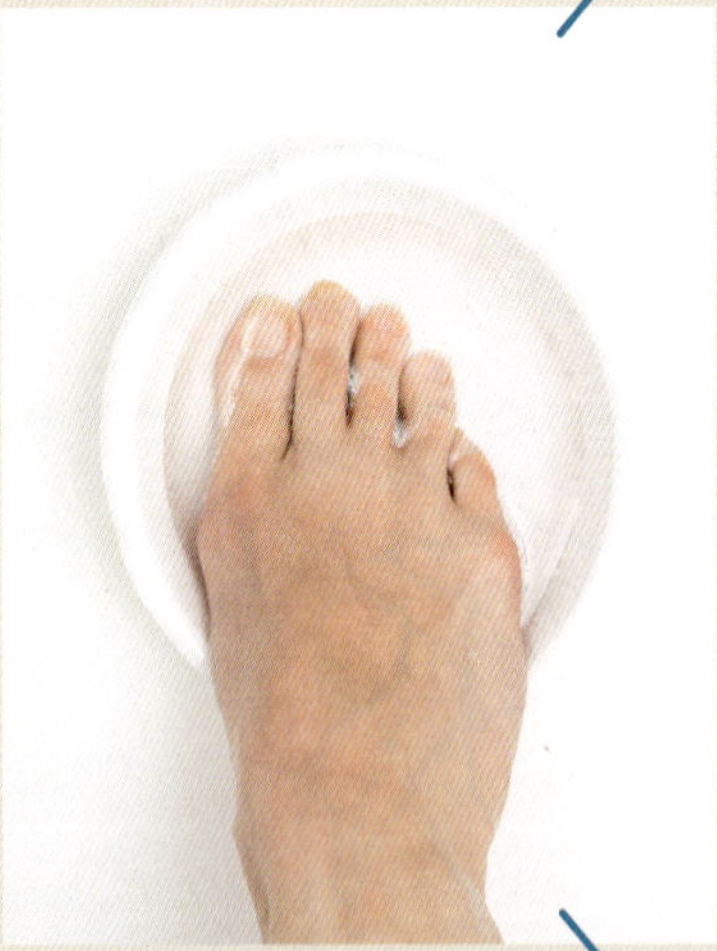

足の指をぬるま湯に10秒ほどつけてバリを浮かせます。薄皮もケアする場合はぬるま湯につける時間を1～2分にします。

紙やすりを爪と水平に当てて動かし、浮いてきたバリを取ります。

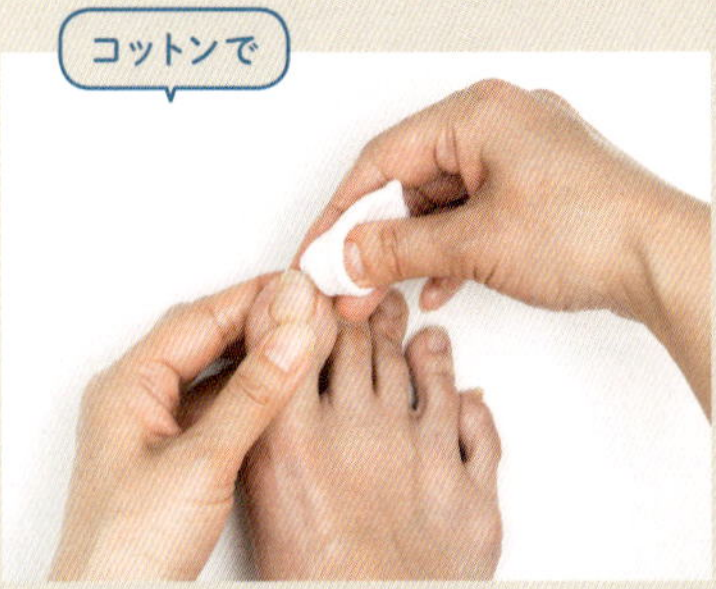

爪が巻き込んでいる場合は、濡らしたコットンで拭き取るとやりやすいです。

6 断面をキレイにする

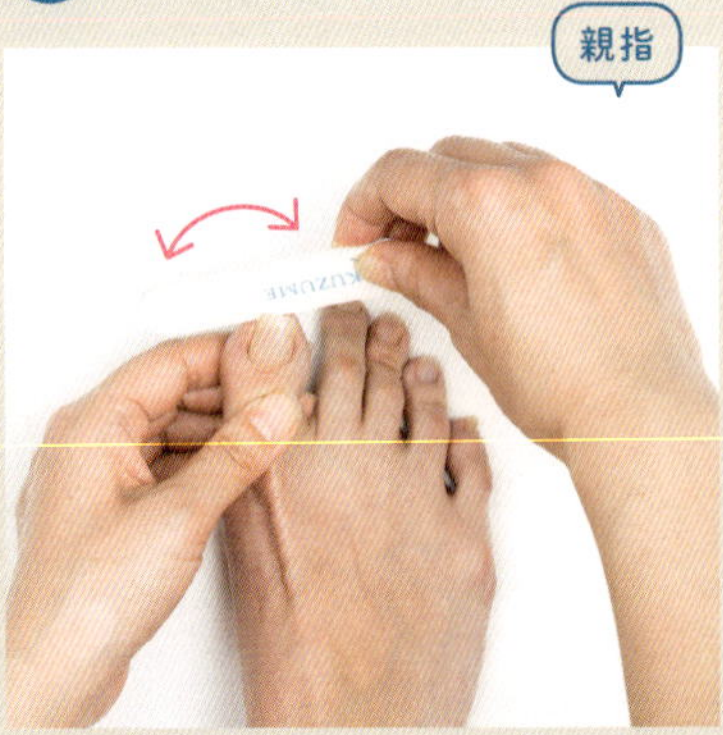

目の細かい紙やすりに変えて、断面をなめらかにします。表層の角は特に念入りにします。

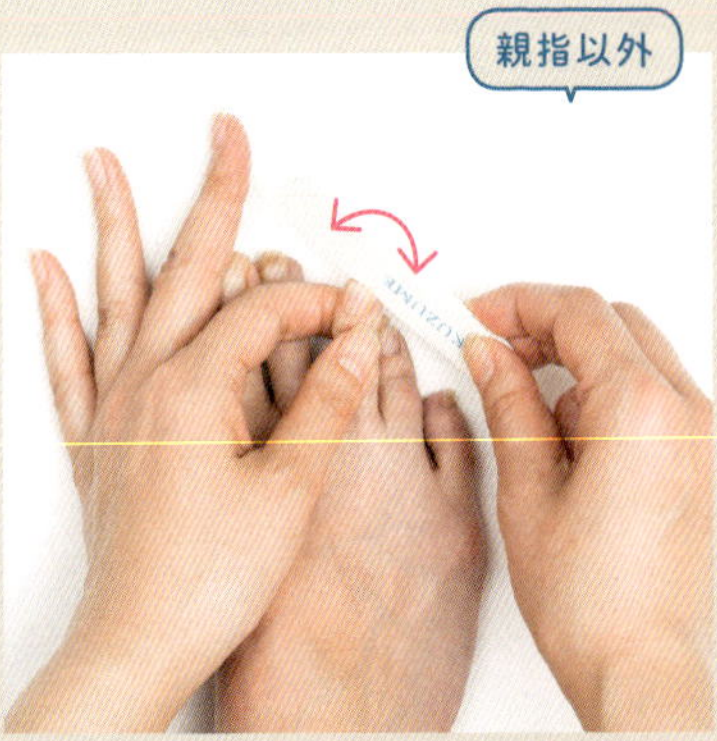

目の細かい紙やすりに変えて、削った爪の断面をなめらかにします。

おまけ 「足の爪」をケアする

足の爪も手と同様に乾燥するとトラブルの元になります。
朝、晩2回オイルでケアをするのがおすすめです。
足は靴下や靴を履くと、ある程度保湿されるので、
足の爪にオイルを塗るときは、水で乳化するプロセスを
省略しても構いません。また、足の爪の状態は、靴の大きさや形に
影響を受けますので、本書の靴の選び方を参考にしてください。

1 薄皮を拭き取る

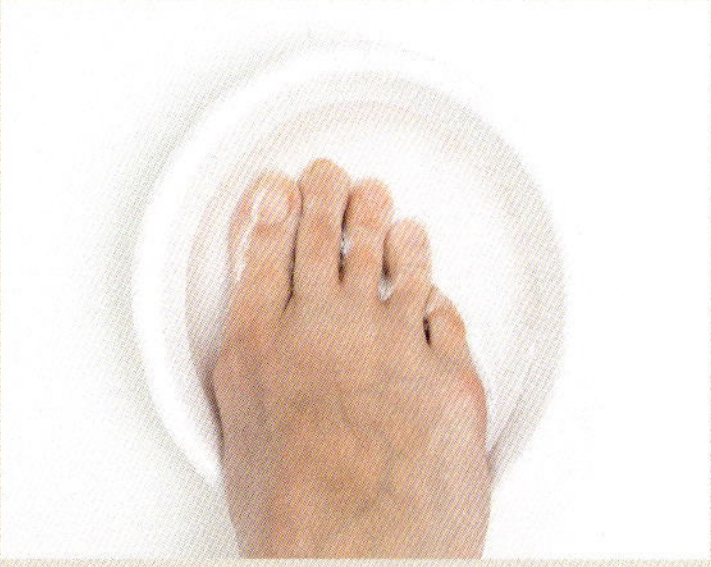

足の指の爪全体をぬるま湯に1〜2分つけます。

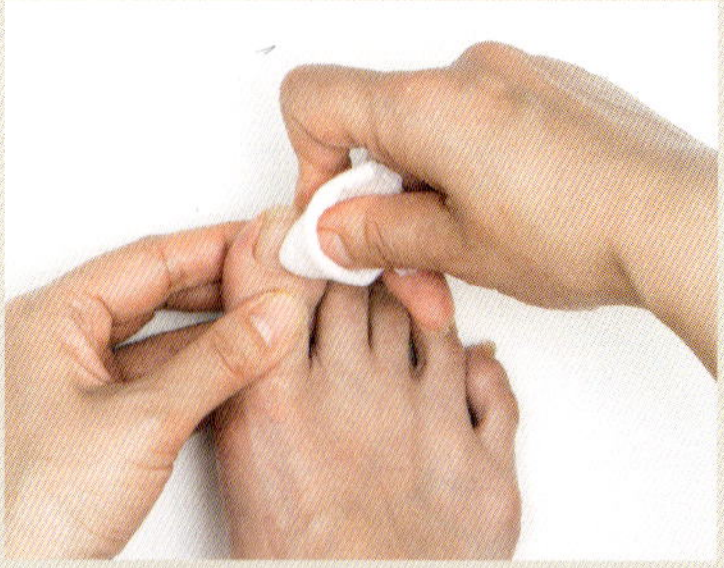

手の親指に濡らしたコットンを巻き薄皮を拭き取ります。手の指同様にやさしく行います。

2 オイルでケアする

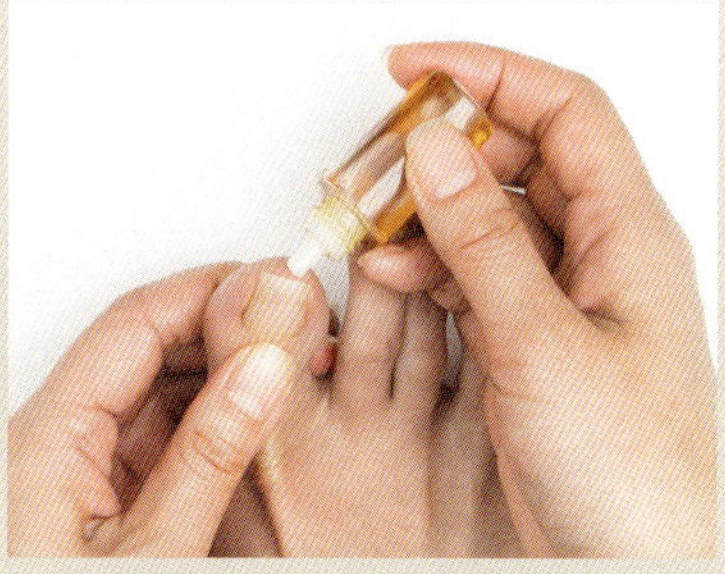

足の5本の指すべての、爪と指の間にオイルを垂らします。

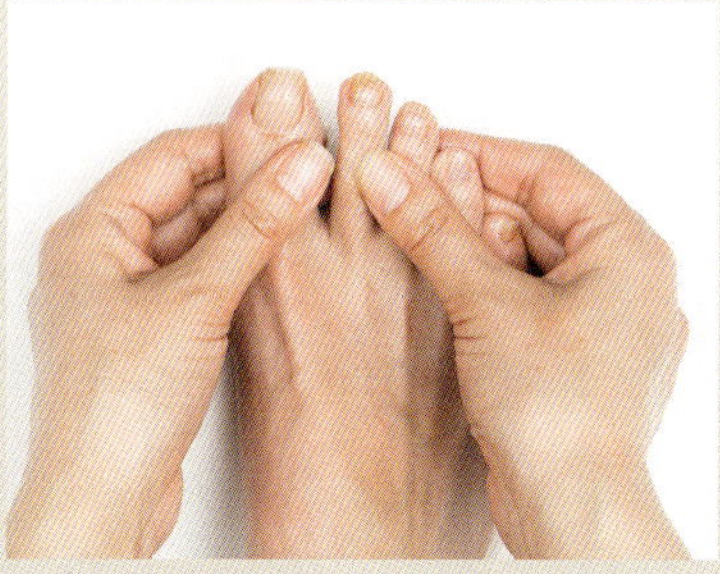

両手でオイルを爪や指全体に塗りこんでいきます。余ったらかかとにも伸ばします。

育爪レポート / BEFORE & AFTER

1

短い爪が立体的に!ピンクの部分も大きくなった!（37歳）

（AFTERは7ヵ月後に撮影）

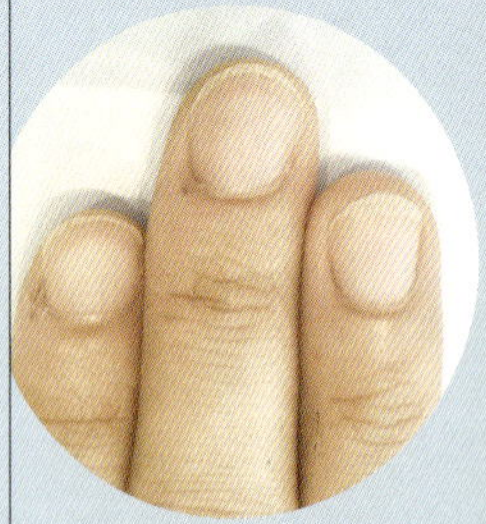

BEFORE

全体的に爪が短く形も不揃いで、ささくれがありました。

↓

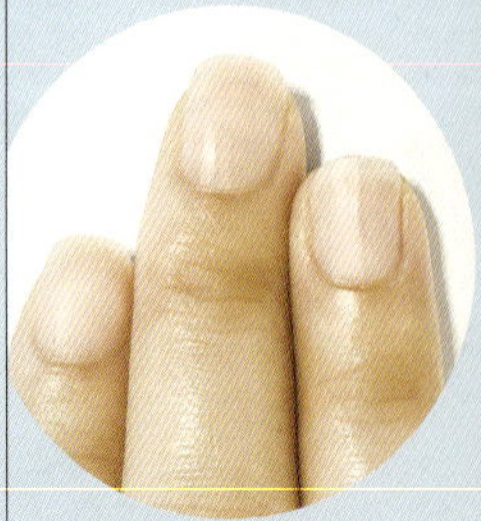

AFTER

ピンクの部分が爪先まで伸び形が揃いました。ささくれがなくなり、自然なツヤも出てきました。

2

凸凹がとれて爪表面がツルッとしてきた!

（51歳）

（AFTERは15ヵ月後に撮影）

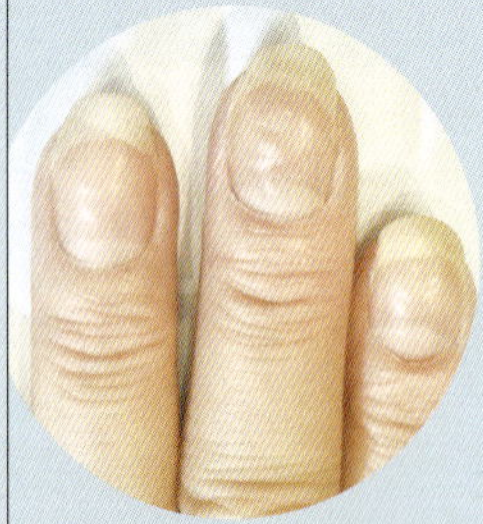

BEFORE

全体的に爪の表面が凸凹して縦すじもありました。爪周りは乾燥して白っぽくなっていました。

↓

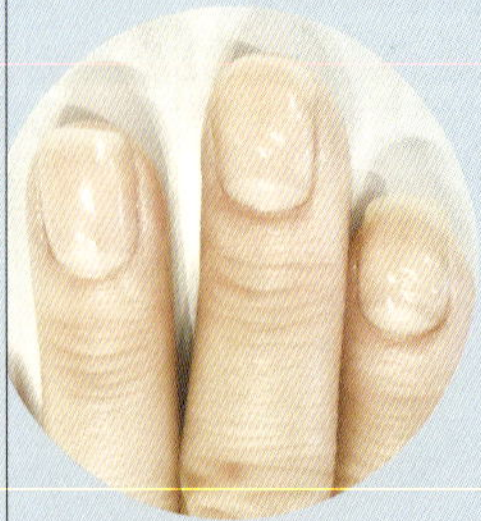

AFTER

縦すじが目立たなくなり、爪の表面がツルッとなめらかに。ピンクの部分が指先まで伸び、浮いていた甘皮が爪に密着して隙間がなくなりました。

3

ピンクの部分が伸びて爪の先が透明になった!

（28歳）

（AFTERは12ヵ月後に撮影）

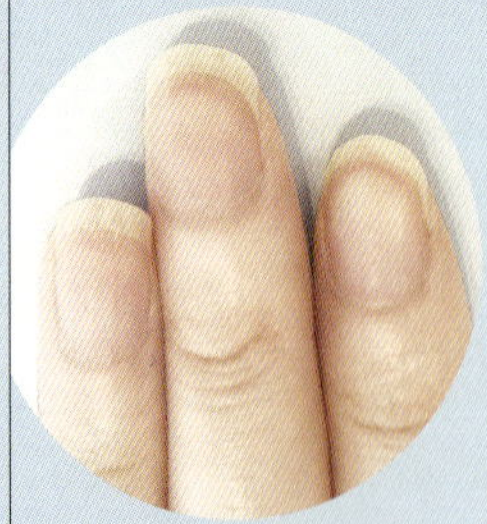

BEFORE

全体的に乾燥して白っぽく、ささくれもありました。また甘皮と薄皮が張りついて目立っていました。

↓

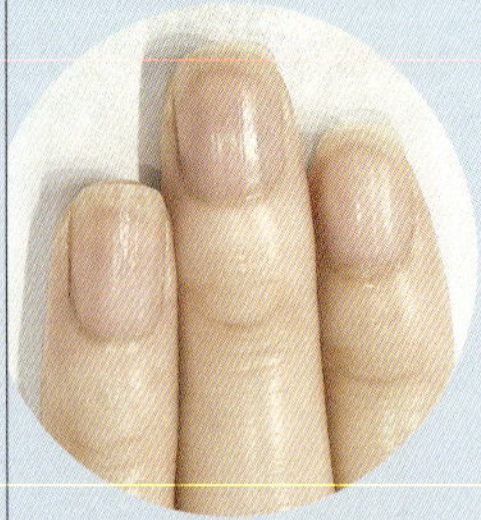

AFTER

乾燥が改善し、ささくれがなくなりました。甘皮と薄皮が減って、ピンクの部分が伸びたので立体的に。爪先が透き通ってきました。

短い爪、形の悪い爪、ボロボロの爪…どんな爪も変わる！

4

重度の深爪から爪が2倍の大きさに成長！（50歳）

（AFTERは4ヵ月後に撮影）

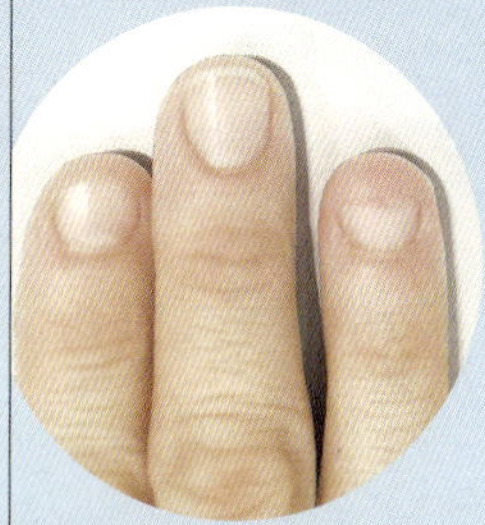

BEFORE

中指以外は爪先の白い部分がまったくない深爪の状態でした。爪周りは乾燥していて、ささくれもありました。

↓

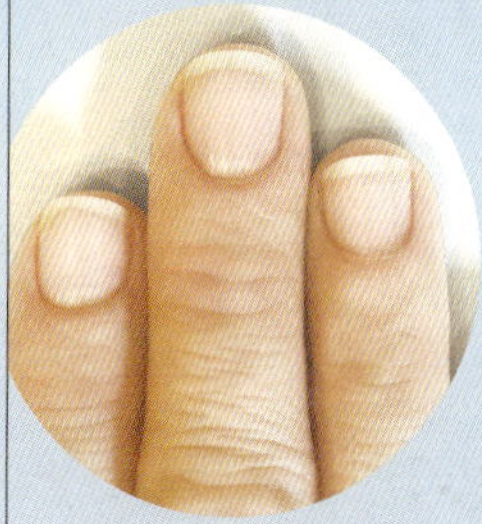

AFTER

指先まで爪を伸ばせるようになりました。薬指は4ヵ月前の約2倍の大きさに！ささくれもなくなり、立体的な爪になりました。

5

乾燥が改善し、縦すじがなくなってきた！（67歳）

（AFTERは10ヵ月後に撮影）

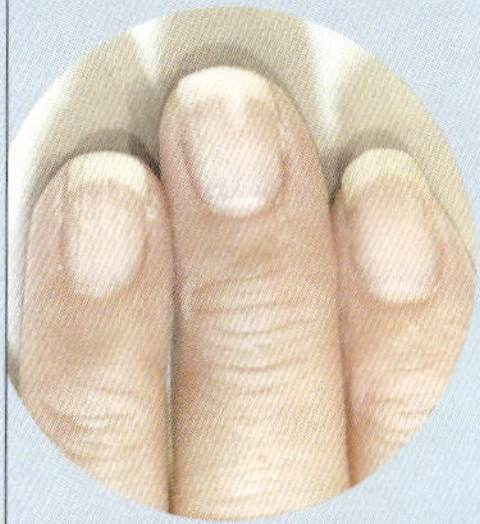

BEFORE

どの爪も乾燥がとてもひどく、縦すじが白くなり目立っていました。中指は少し剝離していました。

↓

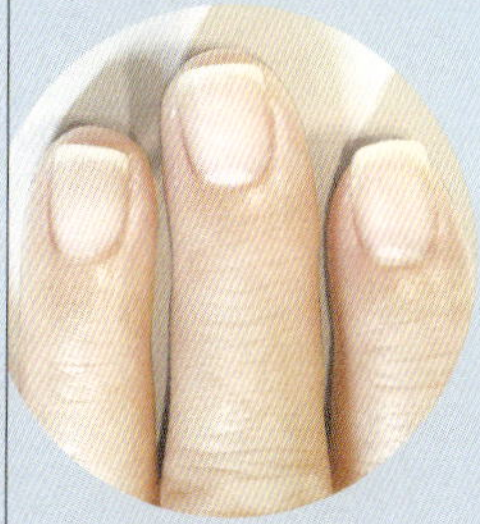

AFTER

ピンクの部分が長くなり、剝離がなくなりました。縦すじも薄くなり、自然なツヤも出てきました。

6

足の爪の二枚爪と横すじがきれいになくなった！（47歳）

（AFTERは12ヵ月後に撮影）

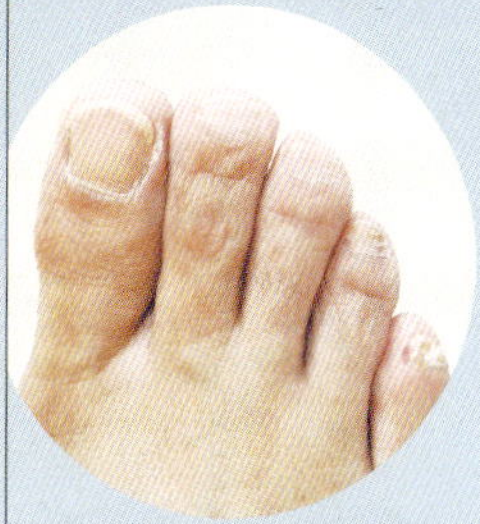

BEFORE

親指の先端が二枚爪で、ほぼすべての爪に横すじがあり、小指から薄皮がはみ出していました。

↓

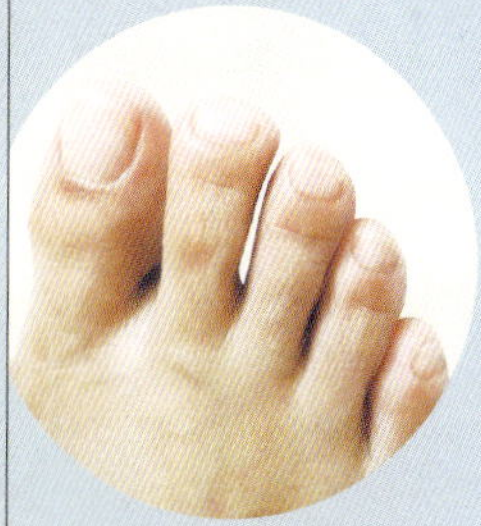

AFTER

親指の二枚爪はなくなり、ガタガタした横すじもほぼ解消し、小指の薄皮も小さくなりました。